La sonrisa vertical

Colección de Erótica dirigida
por Luis G. Berlanga

Ana Rossetti

Alevosías

XIII Premio La sonrisa vertical

TUSQUETS
EDITORES

1.ª edición: marzo 1991

Diseño de la colección: Clotet-Tusquets
Diseño de la cubierta: MBM

ISBN: 84-7223-300-6
Depósito legal: B. 853-1991
Fotocomposición: Foinsa - Gran Via, 569 - 08011 Barcelona
Impreso sobre papel Offset-F Crudo de Leizarán, S.A. - Guipúzcoa
Libergraf, S.A. - Constitución, 19 - 08014 Barcelona
Impreso en España

Indice

Del diablo y sus hazañas

–Bubi, Bubi, despierta que estamos llegando.

Entonces vi dos budines de gelatina tambaleándose, pero no eran budines: eran dos medusas gigantes... o dos globos llenos de agua... o los pechos de Nela saltando con el traqueteo del tren, porque ya había abierto los ojos del todo y se me habían despegado las telarañas del sueño. Y ya podía ver sin tener delante una gasa y por eso veía claramente los pechos de Nela y la carne roja de su escote y el empiece de la raja honda de en medio. Y me puse colorado como me ponía cada vez que me acordaba de cuando dejé de creer que Nela tenía un culo detrás y otro delante. Pero es que yo nunca había visto cómo estaba hecho ese bulto redondo y blando que rellenaba el corpiño de Nela y lo comparaba con el buche de las palomas, sólo que partido en dos como los culos de los angelitos del cuadro de la Inmaculada. Por eso, cuando Nela me abrazaba haciendo crujir su blusa, que parecía que los volantes fuesen barquillos, yo echaba hacia atrás la cabeza, para que no se la metiera por el culo. Eso creía yo. Hasta que el demonio me enredó en su anzuelo y me arrastró por el pasillo y sucedió lo que no quiero recordar, porque la sangre empieza a subírseme, como ahora, y a llenarme la cara de candelas y el corazón se me quiere salir como el cuco del reloj. Por eso, si los pensamientos que crecen en la mente fuesen iguales a los que crecen en las macetas de las ventanas, yo arrancaría el de las cuatro de la tarde, el de la siesta, y descolgaría las sábanas arrugadas de su alambre mohoso para apartar de mis oídos el zumbido de las moscas y de mis manos el temblor sudoroso de los sapos y de mi espalda las lenguas de los escalofríos. Porque el demonio se disfrazó de mosca, de sapo, de culebra y se apoderó de todos los escondites de mi cuerpo y sacó por mi frente sus cuernos de chivo, por mis dedos sus uñas de buitre, por mi espalda sus alas de murciélago y por mis cuadernos las imágenes de la tentación. Y la tentación era Nela. Y su culo de delante y su culo de atrás. Y el escote que se abría sobre el culo de delante. Y el escote que no había sobre su culo de atrás. Y si serían iguales los dos culos. Y los dibujaba. Y luego rompía las cartulinas dibujadas y las echaba a la chimenea y me quedaba mirándolas convertirse en pavesas y luego en papel de seda fino y gris con los filos de oro. Por eso no me daba cuenta de que el demonio estaba tejiendo una red invisible con su saliva peguntosa, y que sus hilos gobernaban mis manos y mis pies porque quería tenerme de marioneta. Y de esa manera me condujo por el pasillo, pisando la cenefa a los lados de las baldosas para no hacer ruido, porque las baldosas del centro se movían casi todas, y me detuvo ante el pomo de porcelana del dormitorio de Nela. Y giró el pomo, y algo suave y veloz rozó el parquet de la alcoba al deslizarse la puerta, y detrás de las persianas algo se frotaba contra las maderas, seguramente las ramas del naranjo. A lo primero no vi nada, pero después la penumbra se fue separando y por entre sus agujeros se agrandaron unas manchas claras que se hicieron cuevas o islas. Y una cueva era el mosquitero de la cama de Nela. Y debajo del mosquitero se oía a Nela haciendo suavito: *Sss... sss*, o a lo mejor no era Nela, sino las hojas del naranjo, o el viento colándose por las rendijas de la persiana, o el demonio que me aturdía. Y yo me acerqué y levanté la tarlatana y me metí dentro de la cueva y el demonio me depositó con cuidado sobre el colchón sin que el somier chirriase. O a lo mejor chirrió, pero sobre mi cabeza había un arriate de hierba enloquecida por mil grillos chillando y chillando: «El culo de delante de Nela. El culo de delante de Nela, el culo de delante de Nela...», y ya no podía escuchar nada más. Y me arrodillé y la miré fijo por si abría sus pestañas entremezcladas, las de arriba con las de abajo, formando un festón negro que me recordaron hormigas en fila, no sé por qué. Y, de pronto, la lengua de Nela asomó por entre los labios gordos su punta afilada que se ensanchaba luego como la cabeza de una lagartija, sólo que muy colorada y muy brillante. Yo tenía los dedos en el borde del camisón de Nela y los fui dirigiendo hacia el nudo de la cinta que lo fruncía y tiré de un cabo y lo deshice, y se aflojó el escote y se agrandó como si Nela entera fuese a salirse por él. Y debajo había sólo un tirante cruzándole un hombro, porque el otro se le había resbalado, y mis dedos, más fríos que el vientre de los sapos, bajaron despacito la tela del camisón y entonces vi que los tirantes sujetaban dos bolsas hinchadas que se apretaban a la carne como las bocas de las sanguijuelas. Y que la carne ya no era roja sino blanca. Más blanca que la de los culos de los ángeles, y con la raja en medio. Y entonces los sapos saltaron hasta el ribete de la bolsa del tirante caído, pero, aun así, era muy difícil porque estaba muy apretado. Pero el demonio chorreó aceite en mis dedos y pude remeterlos por el ribete. La carne iba apareciendo semejante a la bola de la luna: toda lisa con serpientes azules cuando, de pronto, amaneció una aureola café con leche y, cuando iba a la mitad, saltó una píldora chata que, cuando la tela dejó de aplastarla, hizo: *chap* y se puso en su tamaño. Estaba en el centro de la redondela y era entrelarga como un dátil y la quise probar. Me agaché. La rodeé con los labios casi sin atreverme a rozarla. Pero sentí cómo crecía en mi boca y se ponía dura contra mi lengua y que mi saliva se volvía muy muy espesa y cuando Nela se despertó y me empujó apartándome de ella, un hilito seguía uniendo mi boca con su botón de caramelo.

Por las ventanillas dejaron de atropellarse los postes y las vistas porque fueron entrando las columnas de hierro de la estación y agrandándose las franjas de los andenes y pasando los rótulos verdes de los letreros crema, cada vez más despacio, cada vez más despacio, cada vez más despacio, hasta que el tren se metió, todo entero, dentro de la jaula de cristal. Y entonces se pararon los desfiles en las ventanillas, y quedaron al lado del quiosco, muy juntos, muy quietos y con cara de pasmados, tía Alicia, su marido y el primo Fred.

Nela me alisó el pelo y me limpió los churretes mojando en la puntita de su lengua de lagartija un pañuelo que se sacó de la raja del escote. Y me pareció oler a alcoba, a las cuatro de la tarde... a la siesta. Nela tiró de mí hasta la salida del vagón donde esperaban los guantes de tía Alicia que, nada más poner yo los pies en el primer peldaño, se ajustaron en mi cintura y me arrebataron y me hicieron girar bajo el templete rosa de su pamela, y yo me agarré a su cuello para no caerme y un bucle de su nuca se desbarató y se cayó sobre mis manos y yo hubiera querido agarrarlo, enrollármelo en el dedo, porque era fresco y elástico y brotaba de su sombrero como de una mazorca tierna. Pero tía Alicia ya había replegado la rueda de fresa sobre el merengue de la enagua, frenó el carrusel y yo recobré mi estatura y perdí su rizo de maíz.

—Hola, Bubi —dijo tía Alicia.

—Hola, Bubi —dijo su marido.

—Fred, saluda a tu primo Bubi —dijo tía Alicia a Fred.

—Hola, Bubi —dijo Fred de mala gana y añadió sin que nadie más que yo lo oyera—: Bubi la bubona de las bubosas bubas, la bubática Bubi de las bubónicas bubas... Ay, la abubilla abubada de Bubi el de las bubas.

Los labios de Fred estaban pegajosos y olían a chicle de canela y sonaron cerca de mi oído, llenándomelo de un aire caliente como si me soplara palabras venidas del infierno. Tuve miedo, y me arrimé a Nela buscando su mano, pero ella no me la consintió porque, desde aquella tarde, ya no me quería.

Nela, aquella tarde, me había sujetado por los brazos, clavándomelos de señales moradas y me sacudió muy fuerte para que el demonio saliera de mí. Pero el demonio no se iba, porque como los pechos de Nela me brincaban delante, no se callaban los grillos ni los moscardones ni las lenguas de las víboras, sino que me repetían sin cansarse que a lo mejor se escapaban del escote, flojo todavía, esas dos enormes moras que eran tan ricas aunque no sabían a nada. Por eso Nela me estuvo pegando hasta que mi nariz le salpicó el camisón con lunares de sangre y yo me desplomé. Porque la sangre, al limpiarme del olor asfixiante de su carne dormida, cortó los hilos de la tentación que me mantenía rebelde e insensible a la furia de Nela y sus azotes.

Fred es mayor que yo, más alto que yo y más listo. Pero, además, tengo que vivir aquí, en su casa porque, aunque se terminen las vacaciones y me vaya al colegio interno, tía Alicia y su marido se van a ocupar de mí. Por eso no quisiera enfadar a nadie: ni a Fred ni a tía Alicia ni a su marido, no vayan a hartarse de mí como Nela. Y por eso hago todo lo que me manda Fred. Y por eso el otro día en que dijo: «Vamos a disfrazarnos» y yo dije: «Venga», subí al cuarto de los baúles pegadito a él para no hacer ruido, aunque estaba en lo mejor de la historieta.

En el cuarto de los baúles está también la costura y también se plancha. Ahora está todo bastante revuelto, porque Nela se casa el mes que viene, y siempre que puede sube y se pone a pedalear en la máquina: taca-taca-taca-taca-taca. Su traje de boda ya está listo. Lo han colgado de la lámpara tapado con plásticos para que no se ensucie y con la cola, para que no arrastre, aguantada con alfileres en los hombros. Es de tela muy brillante y debajo del plástico parece como de plata. Y fue Fred quien puso una silla sobre el baúl de alcanfor, alcanzó la lámpara, desenganchó la percha, desenfundó el vestido y, cuando estuve sin nada por arriba, me lo puso. Pero se me caía porque me estaba muy ancho. Entonces Fred bajó un momento y volvió con una almohada y me la colocó como si fuera el pecho de Nela, sólo que sin raja, y me dijo: «Qué buenas tetas tienes, Buba, te las voy a comer» y entonces supe que, cada uno, se llamaba teta y que otra vez se me había entrado el demonio porque en mí sólo reinaba él. No me di cuenta de que estaba subido en una silla, con el cordón de la cortina atándome a la cintura el vestido, estirado hasta el suelo y con la cola abierta detrás de mí; que me había puesto en la cabeza un visillo, que me lo sujetó amarrándome una tira de encajes, y que me había dejado solo porque iba a traerme el ramo de novia. No, no me daba cuenta porque estaba pensando en que yo tenía tetas, tetas grandes, blancas, con ríos y con montañitas que Fred quería comerse. Y pensaba que, si Fred se las metía en la boca, mis montañitas se pondrían tiesas al mojarse con la saliva de Fred. Y que qué rabia que Fred no pudiera meterse a la vez las dos montañitas, como si fuesen dos granos morados de cacahuete. Y no sé cuándo empecé a tocar por detrás de la almohada y me encontré con que a las dos manchas alargadas y suavitas estaban creciéndoles punta. A lo primero eran como lentejas, pero luego, me chupé los dedos para imaginarme la lengua de Fred y se me pusieron como guisantes y yo seguí untándomelas con la saliva, que el demonio fabricaba hasta rebosar, por si también se me hinchaban las tetas y se me hundía la raja. Yo quería saber cómo es lo que hay en el medio de la raja. Porque ya sabía que no había un culo delante y otro detrás, pero no si la raja de delante y la de detrás eran lo mismo. Debía haberme santiguado, pero no podía dejar lo que estaba haciendo, porque... si a lo mejor me salían... y si Fred mientras yo dormía la siesta venía a comérselas... El vendría, lo dijo. Dijo que me las comería con su boca caliente teñida de regaliz o de frambuesas. Me apreté muy fuerte, con las uñas, para darme idea de cómo me dolería cuando me mordiese y entonces algo se removió dentro de mis pantalones: una serpiente dando un coletazo. Le eché la mano encima, muy ligero, no fuera a escapárseme. Pero, a la vez, me echaron mano a mí. Era el marido de tía Alicia.

Todo el tiempo estuve en la cena sin quitar la vista del plato, aunque por eso no me enteraba más de qué era lo que estaba comiendo, si es que comía, porque no paraba de remover la comida con el tenedor, y si acertaba a metérmela en la boca, no paraba de removerla también, de un lado para otro, hasta hacer una bola que luego no podía tragar. A cada rato tía Alicia me decía: «Bubi, come», o «Bubi, no juegues con la comida», o «Bubi, trágate lo que tienes en la boca». Así que llegaron los postres y todo se llenó de un olor muy dulce, entonces miré y eran fresas. La mesa tenía el mantel blanco con las servilletas iguales; los platos eran blancos, de loza; los cubiertos con los mangos blancos de hueso y los servilleteros de hueso también; el azucarero, la jarra, las tazas para el café, la fuente de arroz con leche y el frutero, de porcelana blanca. Sólo que, en la delgada bandeja del frutero, se erizaban, igual que en las tapias los cristales, los picos encarnados de las fresas. Tía Alicia cogió una, la metió en el azucarero y luego, toda entera, solamente aguantándola por la corona verde, la hizo desaparecer en su boca. Los labios se apretaron a su forma puntiaguda conforme se le adentraba, primero muy poquito, sin dejarle cabida siquiera, pero después el agujero de su boca se abrió, resbalándosele por todo alrededor como si fuesen de vaselina, y se cerró de golpe cortándole el paso a los ricitos estrellados que guiaba con los dedos. Y los labios se juntaron sobre la carne de la fresa como se juntan los bordes de un hoyo en las arenas movedizas. Y yo dejé de temer al marido de tía Alicia para pensar en las fresas del frutero y en su charco escarlata y en las gotas rosas que cubrieron al azúcar de confetis y en las fresas que me habían salido y en que, si me las mojaba para que el azúcar se les pegase, a lo mejor tía Alicia me las chuparía como si fuesen pastillas de goma, y yo sentiría su lengua lamiéndomelas muy despacito para saborearlas o frotándomelas a toda velocidad para derretírmelas. Y otra vez se me llenaron las palmas de las manos con sapos escurridizos, las rodillas con las serpentinas rápidas de las culebras, la cabeza con la algarabía de los grillos y los zumbidos de los moscardones, y la lengua con la baba enredadora de las arañas. Sin embargo, no quise seguir escuchando al demonio ni mirar a tía Alicia empujar contra sus labios fresas y más fresas azucaradas y me serví, en un cuenco de loza, un puñadito de arroz con leche como un rosario de nácar enroscado.

Cuando todo está oscuro, las puertas dibujan letras muy finas contra la claridad de la luna o contra la luz del pasillo: una T en el balcón y una C que, a veces, abre su rendija porque tía Alicia entra con cuidado para hacerme la señal de la cruz y arroparme. Pero, aquella noche, Nela, al cerrar las contraventanas y llevarse el florero, me dijo que no apagase la luz ni me durmiera porque el marido de tía Alicia iba a venir. Yo sabía que a regañarme. Y pensé que me convenía hacerme el dormido o, mejor, dormirme de verdad. Por eso, nada más irse Nela, me acurruqué bajo las sábanas y apreté bien los párpados. Pero en eso que me rodó hasta la boca algo blando y abultado haciendo así, como otra boca, y yo me destapé y vi que era un guisante de olor que se le había caído a Nela del florero. Lo estiré con los dedos y separó sus labios para que yo llegara con la punta de la lengua a tocar su fondo. La fresa en la boca de tía Alicia. Pero era la fresa la que chupaba la boca de la flor, hasta que la empapó toda. Mi lengua era una fresa brillante y fresas eran también las puntas que se me levantaron debajo del pijama. Me desabroché la chaqueta para que las mojara tía Alicia. Sus labios me picotearon el pecho y soltaron el nudo del pantalón. Hubiera querido tener diez guisantes de olor como dedales y sentirlos cerrarse sobre mí, devorándome con sus morros de conejito, después de haberme rebozado de azúcar. El guisante me mordió en la ingle y yo lo paré allí porque me dio un calambre y quité mi pinza de sus caperuzas y escondí mi mano sentándome en ella. Pero ya no llevaba pantalón. Y mi mano desapareció en la raja. Y mi dedo empujó en el agujero como la fresa en los labios cerrados de tía Alicia. Y aunque mi dedo quería salir, el agujero tiraba de él, pimpán, pimpán, pimpán, como cuando haces guarradas subiendo y bajando el batido por la pajita. Yo levantaba mis riñones y los dejaba caer, pero el agujero no soltaba la fresa. Y, mientras estaba entretenido en eso, la serpiente. Entonces la agarré con mi otra mano, tirando de ella para apartármela del vientre. Pero sentí la serpiente en mi mano y mi mano en la serpiente porque, la serpiente, era yo: el demonio se me había metido en la colita. Y mi colita estaba grande, roja y tiesa como un palo y me apuntaba. Yo miré el capirote colorado, partido por la mitad, con un boquete en medio de la raja y pensé que, si por ahí se me había metido el demonio, por ese mismo sitio se me iba a tener que salir. Y empecé a agitarme la cola como agita Nela la botella cuando quiere hacer un candiel. Conseguía bajarme todo el pellejo, pero el demonio no se me despegaba. Y yo, venga y venga: «Sal, demonio». Cada vez más ligero. De haberme ayudado también con la mano derecha... pero estaba pillada en una trampa, en una argolla de hierro, en una boca hambrienta que querría sorberme entero a mí. Y la cosa era que alguien estaba subiendo, que alguien venía y yo tenía una mano en la cola y un dedo en el culo y ni me podía santiguar. Entonces me acordé. Me puse de pie sobre la almohada, me arrimé a la cabecera y obligué al demonio a zambullirse en la pila de agua bendita.

«Bubi, ¿qué estás haciendo?» Tía Alicia vio cómo se me escapaba el demonio y cómo se ahogó, en forma de lombrices, en la concha dorada de la pila y pegó un grito fuerte y larguísimo.

Nela, el marido de tía Alicia y tía Alicia saben ya que el demonio me persigue y se adueña de mí. Por eso procuro no estar mucho tiempo con Fred, no vayan a pensar que puedo traspasarle el demonio. Pero Fred no entiende eso y siempre me importuna: «Buba, esto. Buba, lo otro. Buba lo de más allá». Y al final le digo que sí para que no se enfade y para que me deje tranquilo pero le advierto que, antes que nada, tiene que santiguarse por si acaso. Y él se ríe de mí y me llama Santa Bibificación de Lucifer y me hace genuflexiones. Y yo: «Fred, no juegues con esas cosas que te va a castigar Dios». Y él: *«Ora pro nobis»,* porque no se da cuenta de que si a mí, que estoy todo el día rezando y mortificándome, me tiene el demonio como me tiene, el día que le toque a él lo va a agarrar el demonio bien agarrado. Y Nela, el marido de tía Alicia, y tía Alicia, me echarán las culpas a mí por haber traído el demonio a su casa.

Todo el jardín estaba revuelto: las borriquetas de las mesas, las botellas vacías, los platos de cartón, las cestitas plisadas de las yemas, los corchos del champán y sus guardaespaldas de alambre... y las hormigas recolectando tarta de la boda de Nela, y las moscas atrapadas en virutas de huevo hilado y las avispas muertas, emborrachadas de almíbar.

Era de noche y yo estaba triste. Al fondo del jardín el cenador, todo cubierto por las madreselvas, parecía un velo de novia cuajado de capullos de cera y de trapo, y yo no podía apartar la vista de allí. Porque Fred estaba allí. Me había dicho: «Cuando todo el mundo esté durmiendo, nos vamos al cenador a contar historias de terror para asustarnos». Y yo le dije que no. Y él: «¿Es que tienes miedo, mantequilla de Soria?». Y yo, que no. Y él: «Cobarde, gallina, mariquita de cinco puntos». Y yo, que no. Y él: «Peor para ti, Bubona, Cagona». Y cuando era muy de noche y todo el mundo estaba durmiendo, él abrió despacito la puerta de mi cuarto y me dijo: «Adiós, Bubosín». Yo me asomé al balcón y lo vi cruzar el jardín tan tranquilo, sin encender la linterna, guiándose con la luna, porque hacía luna. Pero luego vi que el cenador se iluminaba como si lo recorriera una estrella errante y que luego se quedaba quieta, asomando pedacitos de luz por entre las enredaderas y los rosales, y comprendí que Fred había buscado con la linterna el interruptor para, bajo la bombilla aturrullada por las mariposas grises, leer cuentos de miedo. No se cuánto tiempo estuve de centinela hasta que el cenador se apagó y la luna lo volvió a espolvorear de harina. Pero, por más que espiara en los bultos de los setos esperando darme un susto, no vi salir a Fred.

No era únicamente en mi cabeza donde insistía el concierto de los grillos, no había otro ruido en la noche que cricrí y cricrí y cricrí, y ni yo mismo me sentía a mí mismo. Llegué hasta el cenador y procuré que los ojos se acostumbraran y me advirtieran, pues lo temía agazapado en alguna parte dispuesto a darme un susto. Pero me equivoqué: Fred estaba durmiendo. De todos modos, tanteé para encontrar la linterna, estaba sobre la mesa de piedra junto al libro y unos envoltorios de chocolatinas, la encendí y me aseguré. Fred se había tumbado en la colchoneta de un banco, se había quitado la bata púrpura y la había apelotonado bajo su cabeza como una almohada. Cuando sintió que le alcanzaba la luz, murmuró algo enfurruñado, cambió de postura y, con un brazo, se tapó la cara. Bueno, no, los ojos nada más. Por debajo de la manga del pijama podía verle la boca, con los labios abultados como un guisante de olor, rojos como una fresa y pringosos por la última golosina. Pensé en que, si las abejas volaban por la noche, no tardarían en irle a libar y en ese mismo momento sentí la presencia del demonio. Aparté la linterna de Fred y la hice rebotar por todos los lados del cenador: «Demonio, ¿dónde estás?». La apunté contra mí, pero nada. Entonces, cuando nuevo enfoqué, no salió la boca de Fred por debajo de la manga del pijama, no salió la manga de la chaqueta, ni la chaqueta del pijama crema de Fred: salió, en medio del círculo acuoso de la linterna, el pantalón y su abertura. El demonio estaba allí.

Con la tela, a listas brillantes, del pantalón de Fred, el demonio había levantado su tienda de campaña y el redondel de luz se movió, porque lo que yo temía que pasase estaba pasando: que el demonio había asaltado a Fred. Era mi culpa. A lo mejor, el demonio se había cansado de ser derrotado y había huido en busca de otro territorio. Yo tenía que salvar a Fred. Así es que me acerqué y me arrodillé y metí la mano por la bragueta de su pijama. Y el demonio mismo se encajó en mi puño como empujado por un resorte. Fred se despertó. «No te asustes», le dije, «que te lo voy a sacar entero.» Y empecé mi tarea con tanto afán que Fred se puso a gemir, como un gatito primero, pero después mordía el batín, se mordía los dedos, se clavaba los dientes en los labios y las uñas en la colchoneta para no gritar. Y yo: «¿Te lastimo?». Y él: «No, Buba. Sigue, Buba. Sigue meneándomela. Sigue. Así». Y ponía su mano sobre la mía para ayudarme. Fred aguantaba muy bien, a pesar de que tenía los ojos en blanco y casi no podía respirar, pero a mí me dolía la muñeca. Y el demonio no salía, no se derramaba como la cofia labrada de los cirios. Pero mi mano estaba mojada, porque la batalla era tan reñida que la cola de Fred estaba sudando. Entonces me encaré con el demonio y le dije: «Ahora verás». Y me metí la cola en la boca para chupar hasta vaciársela, como se chupa el veneno de una herida. En cuanto el demonio se entró en mi boca y comprendió lo que iba a hacer, se puso a saltar con la velocidad de un pistón loco. Y yo: «Párate, párate de una vez». Y el pobre de Fred, medio asfixiándose: «No puedo, no puedo, no puedo... resistir más». Y, de pronto, las manos de Fred empujaron contra sus ingles mi cabeza, dio un espantoso grito y un borbotón ardiendo se disparó y me llenó la boca y se me precipitó en el embudo de la garganta. No pude evitarlo. Me tragué al demonio. Me aparté, tapándome la boca con los dedos, despavorido. Pero Fred, que parecía desmayado y sin fuerzas como un ramo de flores silvestres, me sonrió. Despacio, me acercó unos ojos llenos de estrellas y un aliento, tranquilo ya, que buscaba la rendija de mi boca. Me separó las manos de la cara y me cogió la cara con las suyas y, entonces, muy suave, como si yo fuese un vaso lleno hasta arriba, me llevó hasta él. Su lengua se me adentró, rebuscó en mi boca los restos del demonio, los saboreó y los mezcló con los sabores de su boca. Mi saliva endemoniada inundada por su saliva dulce. Y al revés.

Los pájaros de la mañana sacudieron la madreselva y me desperté. Fred, en ese momento, abrió los ojos frente a los míos. Entonces recordé donde estábamos y donde, realmente, deberíamos estar. Corrimos hacia la casa. Yo más bien saltaba y brincaba de felicidad porque, si Fred había querido comulgar con mi suerte, es que me quería.

La noche de aquel día

Eva entró en el compartimento absolutamente malhumorada. Estaba fastidiada por ese viaje de vuelta al que se le sumaba toda la malagana del viaje de ida. Estaba fastidiada por no haber encontrado billete en cochecama y haber tenido que conformarse con un primera. Estaba fastidiada por su falda de seda, incomodísima para estar sentada tantas horas. Estaba fastidiada, y su hermana Rosa tenía la culpa por haberla hecho venir: la Renfe también, por el modo en que la obligaba regresar y la tata Bibiana porque, con sus entrometimientos, sus lágrimas y sus chocheces, la había puesto tan fuera de sí que se olvidó, no sólo de cambiar su falda por unos pantalones, sino, incluso, de meterlos en la maleta.

Aparentemente estaba muy fastidiada pero, en realidad, estaba dolida, celosa, amargada y llena de resentimiento. Por eso, a pesar de que con el viaje ponía tierra de por medio, no encontró en ello ningún alivio, no dijo: Ya he salido de ésta y sanseacabó, sino que continuó rumiando su despecho atribuyéndoselo a lo inoportuno de su ropa y al inconveniente de su plaza: en el centro y de espaldas a la dirección que llevaba el tren. Eva hubiera preferido estar junto a la ventanilla o junto al pasillo, para poder apoyar la frente en el cristal y no tener que ver con nadie. Pero esta circunstancia le daba un argumento más para renegar de la noche que le esperaba en vez de pensar en que, mientras ella subía al exprés, su hermana Rosa iba camino del aeropuerto. Ambas se habían escabullido de la fiesta. Eva, con el pretexto de que, al día siguiente, debía incorporarse al trabajo. Rosa... para iniciar su luna de miel.

A la izquierda de Eva había un muchacho que debía de ser estudiante: a su derecha, una especie de bestia parda que no debía de tener ninguna clase de estudios y, frente a Eva, un pulcro e insignificante hombrecito que debía de tener toda clase de complejos. Este tímido ejemplar, a su vez, se encontraba entre las pezuñas del ejemplar agreste que, aprovechando que la plaza estaba libre, había plantado sus afiladas botas en el asiento y el exotismo multicolor de una titilante y minifaldera mulata. Eva pensó: «Estamos apañados». Agarró el bolso y se levantó para ir al bar. La verdad es que tenía hambre. Y es que en todo el día no había probado nada. Todo el día soportando a la gente: Mira cómo se te ha adelantado la pícara de tu hermana; o: Pero tú tendrás algún novio por ahí; o: A ver cuándo nos das la sorpresa tú. Pero lo fue lo que le dijo la tata Bibiana. Porque realmente a ella no le importaba demasiado que su hermana pequeña cambiase de estado civil. Lo que le importaba era que el cuerpo de Rosa no tuviera secretos para el cuerpo de alguien. Que el cuerpo de alguien no tuviera secretos para el cuerpo de Rosa. Y por eso, cuando la tata le dijo: Ay, niña, que se te va a ir la juventud sin probar la gloria bendita, Eva se puso furiosa y le chilló que qué sabes tú de mi vida, que desde los dieciocho años he estado fuera, lejos de este pueblo piojoso y he podido hacer lo que se me antojara sin tener que rodar por bocas de viejas chismosas como tú y sin tener que atarme de por vida a nadie para no pasar por una perdida. Pero la tata Bibiana seguía suspirando y diciendo que qué lástima irse al otro mundo sin conocer la gracia de Dios. Y Eva como una fiera porque tenía veinticinco años, casi veintiséis, y era todavía virgen. Más que virgen, estaba lo que se dice intocada. Por eso, hizo el equipaje a todo gas y no se acordó del pantalón de franela, ni de los calcetines de lana, ni de los mocasines y ahora andaba con esa falda de seda más arrugada que un higo. Y con panties superdelicados. Y con tacones de diez centímetros por lo menos. Qué número.

Mientras le traían la cena, pidió un güisqui con hielo y unos cacahuetes.

Eva había conocido bien a Rosa, al cuerpecito redondito de Rosa, cuando eran pequeñas y las bañaban juntas en un barreño de zinc. Dejaban el barreño al sol toda la mañana y, cuando el agua estaba templada, la tata Bibiana las llamaba, les hacía quitarse los babis llenos de tierra, las sandalias, las bragas de canalé y hala: al agua patos. Eva se quedaba mirando a Rosa, recordando cuando Rosa era todavía un bebé y que mamá se desabrochaba la blusa y acercaba la boca de Rosa para que la chupara y la boca de Rosa hacía salir leche de mamá y se la tragaba con glotonería. Y Eva entonces se miraba el pecho y no encontraba esas bolsas blancas que mamá se sacaba y dudaba que la boca de Rosa fuese capaz de hacer brotar ningún manantial milagroso de un material tan escaso. Pero un día, cuando, después de chapotear en el barreño de zinc, la tata las envolvió en las toallas grandes y las mandó correr hasta que dejaran de rechinarles los dientes, Eva hizo que Rosa la persiguiese hasta las flores de jarro detrás de la alberca y, una vez allí, la cogió la sentó a la fuerza en sus rodillas, la acunó: Mi nenita, mi nenita, y le ofreció el pellizquito canela que hizo asomar de su toalla: toma leche rica de mamá. Y entonces sintió un aliento calentito, y luego unos labios mojados apretando, y luego una lengua nerviosa chasqueando, lamiendo, y le pareció que, en la boca de Rosa, quería verterse, desembocarse un intenso escalofrío que le serpenteó desde el vientre por la espalda arriba y por los muslos abajo. Y deseó crecer dentro de los pétalos de Rosa, y ocupar sus paredes suaves y rebosarlas y henchirlas. Eva le apretó la cabeza contra sí, desesperada por no poder volcarse, por no poder derramar sus calambres como estrellas de bengalas. Y Rosa entonces, ávida e impaciente, hincó su dentadura y orló la mancha del pezón con un pespunte encarnado.

Dónde estaría su pezoncito de niña marcado con los dientes de su hermana. Dónde su cuerpo de organza y limón. Dónde los dedos infantiles que investigaban, las uñas que arañaban y las bocas que probaban y mordían. Porque pasó la edad cómplice, y las hermanas se dividieron para fraguarse una nueva identidad y sus mutaciones fueron secretas, como las de las crisálidas. Y la lengua de Rosa no se enroscó en la turgencia adolescente del pecho de Eva, y Eva no asistió al despuntar de la bravura de los puntiagudos pezones de Rosa tras una ceñida camiseta de algodón; ni al florecimiento del valle sombrío de sus ingles, bajo la felpilla de las bragas de blonda y le era ajeno el sabor de los labios, esos labios de Rosa, tantas veces pegados a los suyos, llegados hasta los suyos siguiendo el delgado hilo del chicle; y ahora, untados de carmín, brillantes y desconocidos. Porque Rosa era como un jardín con sembrados nuevos y sus estrenadas delicias tenían un recién llegado como huésped y dueño.

Y Eva... con la cancela sellada y su cuerpo de mujer intacto, sofocado en su propia fragancia, ahogado en las enredaderas inextricables de los deseos y los temores.

Cómo se hace para salir de sí y entregarse y fundirse en otra carne. Cómo se hace para no tener miedo. Para ofrecerse sin temor a ser rechazada y sin temor a ser poseída. Cómo se hace para que el beso no concluya en la boca ni la caricia en el límite del vestido, sino que se prolongue y se adentre con la indecente curiosidad de la infancia. Por qué la inocencia era más sabia que la pasión, y más audaz. Por qué con su piel de niña se murieron las correrías, las exploraciones, las invitaciones, los apremios, los saqueos y los asombros...

Eva tomaba la mano de su hermana. Mira qué agujero más hondo tengo. Y empujaba el dedo de Rosa para que se metiera por entero en él. Pero entonces Eva tenía nueve años y Rosa apenas cuatro. Después nada. Después fue incapaz de conducir a nadie hasta la profundidad de su gruta. Y lo peor es que la tata Bibiana lo sabía: Ay, niña, decía gimoteando, qué malo es pasar por esta vida sin gozar de la carne fresca.

Pusieron delante de Eva un mantel de papel, un vaso, media botella de vino tinto, un pan envuelto en papel de seda y una bolsa de plástico con los cubiertos. Eva la rasgó.

Rosa abría sus rollizas piernecitas, se dejaba caer de espaldas y le preguntaba si podía aventurar su índice y comprobar si también ella tenía una cueva y cómo era de grande. Y Eva recubría su dedo con Bálsamo Bebé y empezaba a extenderlo por la diminuta camelia de su hermana. Por fuera ocre como el almíbar y como el melocotón, por dentro fresca y resbaladiza como una concha encarnada. El dedo de Eva separaba todo los pliegues, los alisaba, los simplificaba, hasta que se destacaba un pequeño brote, una yema apenas, apenas despuntando. Y entonces era Eva quien preguntaba a Rosa si ella era también así, y le pedía que luego me tienes que tocar aquí y aquí y aquí, y me aprietas así para que yo sepa que es verdad. Pero Rosa parecía no escucharla. Agitaba sus piernas de nata, sacudía sus nalgas de talco, apretaba sus muslos, como si quisiera interrumpir el juego, pero a la vez sujetaba la muñeca de Eva y la obligaba a continuar la búsqueda de la estrecha y oculta boca de su subterráneo.

Alguien, a estas horas, debe de habérsela encontrado sin ninguna dificultad. Pero Eva no quería pensar en eso. Apuró de golpe lo que le quedaba de vino, apartó el plato casi sin tocar y encendió un cigarrillo mientras esperaba un café y un segundo güisqui porque decidió que había terminado de comer.

Su compartimento estaba ya a oscuras. Eva permaneció en el pasillo, manteniendo la puerta abierta, mientras estudiaba el camino a su asiento con los tropiezos mínimos pero, ante ella, un bulto le cerraba el paso. El asiento de la izquierda estaba vacío: la mulata se había arrodillado en el suelo con sus flancos atenazados por las piernas del estudiante que se retorcía y se ondulaba como un cesto de serpientes. Fuese lo que fuese lo que estuviera haciendo con la cabeza enterrada en la bragueta del muchacho, estaba proporcionándole al chico un rato muy particular. Eva, con cuidado, se dispuso a deslizarse por detrás de las figuras adosadas, pero la mujer la advirtió y se alzó con rapidez: Pasa, dulzura, le dijo amablemente.

Al incorporarse informó a Eva de que, bajo el minivestido totalmente desabrochado, no llevaba gran cosa: solamente un liguero de satén escarlata que sostenía unas medias lilas. El cuerpo oscuro de la mujer brillaba como si hubiese sido frotado con aceite. Tenía los pechos combados hacia arriba: sus pezones gruesos y erizados se restregaron contra Eva, le surcaron, brevemente, la manga y Eva sintió su presión, compacta y elástica a la vez, como si fuesen dos balas de caucho.

Nada más acomodarse Eva, la mujer quiso

recuperar el botín que se le había escapado de la boca, pero el muchacho no se lo permitió. La tomó de las caderas y las atrajo hacia sí. La mujer comprendió. Adelantó el vientre y separó los muslos esperando la acometida. Bajo la lisura del liguero, el vello se enmarañaba apuntando a los entreabiertos y húmedos labios del muchacho. El muchacho avanzó y acopló la frescura tierna de su boca al ardor salado del sexo de la mujer. Las manos del muchacho treparon como armiños por una torneada columna de caoba y se aferraron a los pomos firmes de sus pechos. La mujer se quejó suavemente y Eva se acurrucó y cerró los ojos. Pero sabía perfectamente qué estaba ocurriendo a su lado.

Escuchaba el rumor de la succión y adivinaba los movimientos de la lengua. Podía reseguir los giros circundando el vibrante clítoris de la mujer hasta erguirlo como una roca en medio de oleadas marinas. Podía medir la intensidad de los vaivenes y su aceleración dentro de la vulva roja y abierta, dentro de esa fruta madura a punto de deshacerse, de desgajarse de su semilla dura y almendrada. Podía determinar el momento en que la lengua del muchacho hallaría el punto vulnerable y cuándo las piernas de la mujer se tensarían, esperando ser arremetidas por una abundancia capaz de colmar su insoportable vacío.

El lápiz azul y rojo no bastaba. Rosa seguía implorando, pataleando con sus piernas sedosas. Eva, entonces, apretó vigorosamente el bastoncillo rayado de caramelo y lo adentró, con precisión y brío, en la carne más tierna de su hermana. En la garganta de Rosa creció un alarido que hizo tintinear los caireles de la lámpara de murano y Eva sintió en sus manos el ardor resbaladizo de la primera sangre.

—Oye, tú, ¿tienes un clines?

Eva abrió los ojos.

El salvaje de la derecha le hacía señas con el pie. Cuando pudo discernir las imágenes que se balanceaban delante de ella, supo lo siguiente: que el relamido viajante se doblaba como una alcayata agarrándose a los brazos del asiento de al lado y empingorotando el culo con enérgicas sacudidas. Que, por detrás, el salvaje, al compás del chiquichiqui, entraba y sacaba su biela del vértice succionador metiéndola hasta los topes y luego retrocediendo, escapándose, hasta asomar la mismísima caperucitarroja. Que las zarpas del salvaje maniobraban con pericia en el bajo vientre del enculado y que el enculado, por tal motivo, se precipitaba peligrosamente al borde del orgasmo sin poder refrenarse.

–Tienes clines o no tienes clines.

La pezuña de la bestia volvió a patearle los zapatos.

Eva no podía contestar. Miraba fascinada cómo, delante de sus narices, un glande rebullía destilando una dócil untura. Cómo una palma curvada lo sostenía, suavemente, sellando los bordes de la funda con el precinto de dos dedos. Cómo, bruscamente, la mano toda, apretando alrededor, tiraba hacia abajo de la pálida vaina y afloraba la carne soliviantada, roja y brillante.

Si se inclinaba un poco, el filo de su lengua podría rozar esa bola densa como el plomo, resbalar por ese cimborrio de catedral de juguete y recoger la espuma que estaba próxima a desatarse. Y conocería el sabor de los hombres, del estallido de la violencia que se amansa, de la tempestad de las simientes, del cimbreante arco de granizo.

Si alargaba la mano, podría rivalizar, disputar y arrebatarle el galardón a quien ahora lo disfrutaba. Y lo sentiría palpitar semejante a un pez sacado de la alberca, y retorcerse como una salamanquesa arrancada del pretil. Y su tacto le incendiaría la sangre, congregaría en las puntas de sus dedos agua y cal viva.

Si acercara la boca, si estirara la mano... o si, como las flores de los cuentos, creciera de pronto esa flor que otras manos sacudían de su rocío, y la alcanzara... y separara sus labios, o se engastara en sus dedos... o se abriera paso en su interior, introduciéndose en la clandestinidad de la lencería... entonces... entonces tropezaría con su virtud inexpugnable.

Cuando Eva estuvo en edad de comprender que la sangre vertida por el bastón de caramelo guardaba mucha relación con la enigmática sentencia: A ésa la han desgraciado, se alegró pensando en que su hermana no podía ser de nadie sin divulgar un anterior amo; sin que la sospecha de promiscuidad se cerniese acusadora. Ella la había desprovisto de su garantía: nadie más penetraría en Rosa como en una selva virgen, o en una isla deshabitada, o en pozo recién horadado.

Se equivocó: Rosa estaba acogedoramente abierta, precisamente porque no tenía nada que defender. Y se entregó a la vida sin despreciar ninguna de sus emociones, se consagró a la belleza acatando todos sus trastornos y dedicó a su juventud un trato preferente y un cuidado exhaustivo. Y Eva, tan cercada, tan vigilante, al final malgastó todas las ocasiones obstinada en una avaricia estúpida. Qué agonía, como decía la tata Bibiana, no disfrutar con tal de no dar. Conservar, guardar qué. Eva ni siquiera se pertenecía a sí misma.

El compartimento arreció en sus jadeos, en sus respiraciones, en sus vapuleos, en sus crujidos. Las ropas eran lanzadas, caían, se desparramaban por la moqueta.

El brazo izquierdo del asiento de Eva había sido levantado facilitando la galopada de la mujer sobre el cuerpo desnudo del muchacho. El muslo opulento de ella, envuelto en la lycra lila, se frotaba contra el muslo de Eva comunicándole sus temblores. Eva podía tocar su vulva húmeda. Eva podía tocar el miembro del muchacho cada vez que ella, al auparse, se separaba de él. Eva podía hacer muchas cosas tanto con la mano izquierda como con la derecha sin que la una supiera nada de la otra. De pronto, se sintió arrastrada hacia delante, algo duro y chato le golpeó la boca, algo le mojó las mejillas, goteó en su falda y la traspasó hasta calarla en las piernas.

—Señorita...

Un solícito camarero la ayudaba a incorporarse, trataba de secarla con una servilleta preguntándole consternado si se encontraba bien. Se había quedado dormida acodada en la mesa y con las mejillas apoyadas en las palmas de las manos. El camarero la había oído gemir entrecortadamente pero, antes de que pudiera hacer nada, una sacudida del tren hizo desbarrar el soporte de su rostro y Eva cayó de bruces sobre la mesa y derramó el café, tibio ya.

Eva estaba confundida y en toda ella aún no se había calmado el estremecimiento que, en el sueño, la había desmadejado dejándola lánguida y nerviosa. Tomó el bolso, sacó el billetero y puso sobre la mesa un billete grande. Cuando el camarero le trajo la vuelta, Eva lo miró de frente. El camarero tenía los ojos verdes, la piel muy blanca y el pelo muy negro. Sus labios eran anchos, la mandíbula firme y la piel parecía lisa y olorosa como el ámbar.

Al ir a recoger la vuelta sus manos se chocaron y Eva retiró la suya con la misma velocidad que si hubiese recibido una descarga. Y supo que sería un insulto dejar propina. Pero no se atrevía a tomar el dinero, a rebañar hasta la última moneda. El camarero, al percibir su turbación, mostró una encantadora sonrisa y unos dientes magníficos, listos para morder. En sus ojos centelleó un sutil signo de alianza.

—No se encuentra bien, ¿verdad?

Ella asintió con la cabeza. Su mirada estaba imantada en esa boca, en esos ojos insinuadores. Se olvidó del cambio que debía recoger. Se olvidó de la propina que dudaba en dejar.

—¿Quiere que le acompañe?

Se mordió suavemente el labio como si titubease, como si se avergonzase de ir demasiado aprisa. Pero ese gesto hizo que Eva sintiese culebreos en sus rodillas, punzadas en las ingles y un latido interno rebotando en su hueco con insistencia. Puso su mano en el brazo del muchacho, aturdida por un vértigo insoportable. El la sostuvo con autoridad y pericia.

—Apóyese —y la recostó contra su pecho ofreciéndole el hueco de su hombro, la baranda de su brazo y el lanzallamas de su atractivo. Olía a loción y a brillantina y los labios de Eva estaban muy próximos a su garganta—. ¿Adónde debemos ir?

A Eva retornaron las imágenes recientes de su sueño. Y su soledad y su angustia. Y ese desvalimiento, como ridículo cierre de un día especialmente cruel. Y comprobó alarmada cómo un sollozo se estaba abriendo camino por sus mal blindados bastiones y quiso conjurarlo, detener la conspiración de la noche a costa de lo que fuera. Giró y apretó las cimeras de sus pechos contra un tieso piqué y enlazó las manos bajo una nuca rizada y frotó su vientre y abrió su boca e insertó su rodilla y se sintió compensada al momento: en el pecho le golpeó otro corazón con su alboroto, contra su vientre se enarboló una elocuente señal, una lengua diligente hurgó en su boca y su carne toda se llenó de manos.

Si esas manos continuaran... si separaran sus ropas... si despejaran el acceso a su recinto murado para que el deseo viril, inflamado como la espada de un ángel, llamara reclamando ocupar su lugar... si esto inminentemente fuera a suceder, se desvelaría su umbral infranqueado, la certificación de que nunca había sido amada hasta el final; la derrota de no haberse entregado, la ignorancia de no haber salido de sí, la certeza de su estéril felicidad, se sabría.

La mano había buceado con habilidad e impaciencia. Apartó todo lo que le estorbaba hasta conseguir embadurnar sus dedos con la secreción indicadora de que todo estaba preparado. Sólo entonces desabotonó su bragueta y guió a Eva para que ella misma aplicara entre sus piernas el remedio.

Eva, de repente, se puso rígida, impávida se soltó de él antes de llegar a tocar la hermosa columna de carne que brotaba de la negrura del pantalón.

—Espera... espera. —Sus palabras no eran audibles, sonaban como el zureo de las palomas.

Como un autómata se dirigió al servicio. Se encerró en él. Terminó de quitarse los panties. Se quitó las bragas. Se quitó un zapato. Empuñó el zapato por el pie y comprobó la contundencia del tacón. Apoyó un pie en la taza. Se inclinó hacia delante. Se aferró con una mano al lavabo hasta que los nudillos se volvieron marfil. Con la otra, de un único y certero golpe, clavó el tacón en la angosta membrana virginal.

Salió impávida, espectral, trémula y próxima a desvanecerse. Los ágiles brazos del camarero la detuvieron antes de que se derrumbara.

—Cuando quieras, amor... —dijo todavía antes de perder el conocimiento.

Siempre malquerida

Hacía mucho calor. Marta se incorporó a medias del asiento para poder ver el reloj que le ocultaba la columna: faltaban, todavía, diez minutos para las ocho y media. Pensó en marcharse, hacer tiempo por ahí y volver con un poco de retraso. Entraría con decisión e indiferencia pero se acercaría a la máquina de tabaco para poder estudiar el terreno. Lo mejor era llevar la revista plegada, escondida en el bolso, para que no pudiera reconocerla y, solamente, cuando estuviera frente a él, extenderla encima del mármol de la mesa y decirle: «Hola».

Eso estaba bien porque le desagradaba mostrar su impaciencia de araña, pendiente de la presa que le arrojaría la puerta giratoria y, por otra parte, sabía bien que el último en desenmascararse tiene el privilegio de observar, juzgar y decidir. Sin embargo, cuando acudió el camarero, pidió otra cerveza.

Pues, para Marta, la espera formaba una parte indispensable del rito. Imantada en el lento resbalar de la aguja por el cuadrante del reloj, vibraba como una adolescente, como ella misma cuando vigilaba, ante el escaparate de la confitería, la salida de los chicos del Liceo para hacerse la encontradiza con «EL». Se llamaba Iñigo pero, para Marta, era por antonomasia «EL». Ni más ni menos que el primer «EL» de su vida.

Hasta que descubrió la nota llena de cruces y de ceros.

Hacía calor y, como entonces, Marta volvía a sentir el olor dulzón y provocativo del aire, el zumbido de las abejas contra el vidrio y el bombeo rápido de la sangre como si aún latiera bajo su uniforme de colegiala. Porque la espera seguía siendo para ella la misma cosa, la misma trenza de angustia que no podía deshacer ni a la que estaba dispuesta a renunciar.

Pero ahora era distinto. Ahora, mientras el camarero colocaba el posavasos de cartón, la jarra de porcelana y la minúscula fuentecita de cacahuetes salados, podía calcular lo que estaría sucediendo y adivinar lo que iba a suceder con un margen mínimo de error. Ahora tenía ventaja, no como cuando acechaba, inmóvil y desprevenida, delatando su corazón abierto, sus ganas de darse entera y exclusivamente, despreciando la utilidad de la escaramuza. Sin embargo, sus compañeras, cuando eran perseguidas por muchachos que decían detestar, sabían introducirlos en los portales, conducirlos a los rincones más secretos y, al oponer sus endebles cuerpos como muros de contención, aprovechaban para restregar los pechos puntiagudos y los muslos de nácar derretido contra las fuerzas vivas del adversario, obstaculizando la toma de posiciones y, a la par, urgiéndoles en el logro del triunfo.

Y, en el último momento, se escapaban.

Cómo iba a saber que, mientras hacía de centinela frente a los escaparates o buscaba su número en la guía de teléfono o ensayaba delante del espejo ademanes y diálogos, su amiga Berta era abordada por «EL» en los futbolines, en la tienda de discos... en el parque... en el cine. Tuvo que encontrar en el diccionario de Berta la carta de «EL» y tuvo que robársela y tuvo que leerla muchas veces, para convencerse de que la habían traicionado los dos. Sí, porque el carmín que le había extrañado tanto y que manchaba la hilera de cruces y de ceros, no podía ser otra cosa que la boca de Berta sobre los besos y todo lo demás de Iñigo. A partir de entonces no podía ver la pulposa boca de Berta sin asociarla a la suave boca de «EL», ni sus labios escarlata sin acoplarlos a los pálidos labios de Iñigo, ni su lengua sin que pensara en un vivaz y viscoso animalito que saltara de su brillante madriguera para adentrarse en el ancho, rosado y musculoso pistilo de una flor carnívora.

Por la nota supo, además, que el domingo irían al cine y estuvo enferma de sólo pensarlo. Los imaginaba acurrucados en las prohibidas filas de atrás, arrullados por los veloces estrépitos de las cremalleras, tanteándose, entreviéndose, iluminados apenas por las ráfagas de la pantalla. Y ahogándose bajo un ejército de frenéticas hormigas. Y estremeciéndose con la irrupción de cráteres recién nacidos. Y palpitando de vértigo.

Se imaginaba y comprendía vívidamente por qué una chica, que sabe lo que se hace, va con un traje ceñido a bailar y al cine con falda y camiseta amplias o con blusa abierta por delante. Por qué, de ponerse pendientes grandes, eran siempre de clip.

Hasta dónde se atrevería Iñigo. Hasta dónde consentiría Berta. Porque Marta sabía que, si un chico le dice a una chica que ella no es como las demás y que con ella es distinto porque ella es una buena chica, entonces la chica le deja que le meta las manos debajo del jersey y que le hurgue hasta sacarle las tetas del sujetador y que se las sobe hasta que las puntas de los pezones se pongan tiesas tiesas, y él cada vez las aprieta más, las maltrata, las pellizca y ella entonces dice: «Estate quieto», y se saca del jersey las ma nos del chico y se coloca en su sitio las tetas y se vuelve a componer la ropa. Pero si el chico dice que es muy desgraciado, que ninguna chica ha querido tener que ver con él, que esperaba encontrar en ella un poco de comprensión y de simpatía, entonces la cuestión de que el chico se dé o no el lote con la chica pierde importancia ante la evidencia de que lo que necesita el chico es un poco de consuelo y que en ella está el procurárselo y la chica ya no tiene ningún reparo en agarrarle la polla y agitarla dulcemente o en chupársela con delicadeza hasta hacerlo chillar de felicidad y de gratitud. Si el chico tiene habilidad y persuasión para convencerla de todo cuanto la quiere y de lo enamorado que está de ella y pronuncia la palabra SIEMPRE en el momento adecuado, es probable que la chica abra las fronteras de su cintura, separe las compuertas de sus muslos y exponga la intimidad del reino acotado, entregándolo a la disposición del invasor y al ímpetu de sus riadas, animada con tan prometedoras expectativas.

Toda la tarde, toda la noche del martes estuvo sufriendo: las ingles de Berta pinzando, apresando la mano de «EL». Los dedos de Berta, febriles, trepándole por la camisa, desabrochándola, tirando hasta soltarla del pantalón, hasta convertirla en refugio para embocar caricias... para encubrir avances y ahondamientos... para que la mano de Berta averiguara cómo estaba hecho el deseo de los hombres.

El miércoles, imitando la letra masculina

y adoptando un tono de orgullo herido, envió a Iñigo la carta sustraída del diccionario de Berta. Le advertía que la pérfida estaba jugando con ambos pues, al igual que él se jactaba de tener a Iñigo en sus garras, temía que hiciese la misma burla, ante Iñigo, de él. El estar en posesión de la nota adjunta avalaba lo que decía y además corroboboraba su voluntad de no participar en una diversión tan rastrera. Tuvo entonces el acierto de no insistir demasiado en la rivalidad y cargar todas las tintas en el ridículo. Se firmó DAVID porque toda esa dolorosa revelación le sobrevino por querer traducir un fragmento de *David Copperfield* y, en adelante, odió por igual a Dickens y a las confiterías.

Para su última nota había escogido VICTOR BAUM por lo de *Grand Hotel.* Confiaba en los nombres masculinos. La única ocasión en que reveló su condición de mujer fue en un anónimo que envió a su marido y cuyos nulos resultados supusieron para Marta la más atroz de las derrotas. Porque, aunque sabía que todo estaba acabado, confiaba en despertar en él algún sentimiento, alguna pasión. Que el último acto fuese grandioso y trágico y violento y definitivo.

No esa prolongada e imperceptible consunción.

Por esa misma razón comenzó a darle celos, pero él no siguió las indicaciones, desoyó las señales e ignoró las pistas. Poco a poco los indicios inventados fueron convirtiéndose en pruebas reales: Marta cada vez se arriesgaba más. Eso la indujo a citarse, en su propia casa, con Martínez, un tipo repulsivo de la oficina que andaba asediándola desde hacía tiempo, con el solo propósito de avisar a su marido, especificando lugar, día y hora, con letras recortadas de periódicos y con la inequívoca firma de UNa AMigA.

La vanidad masculina impidió que Martínez recelara de un cambio tan repentino de actitud y se avino a ir a verla aprovechando que el marido estaba en el fútbol. Sabía que, en el fondo, todas están deseando que un tío les enseñe lo que es bueno y él no tenía inconveniente en impartir un cursillo de noventa minutos sin descanso.

No tuvo tiempo ni de tocar el timbre.

Ella se le abalanzó como una posesa, como un avaro que se apodera de una moneda extraviada: no quería malgastar ni un sólo minuto en algo distinto al cumplimiento de sus planes. Mientras ese cernícalo se la metía por detrás hasta partirla en dos, Marta, acodada en la consola de la entrada, con la falda arremangada cubriéndole la cabeza, esperaba escuchar, entre los rugidos y los jadeos, el zumbido del ascensor, el chasquido que abriese la puerta y que sus ojos se encontraran, en el espejo, con los de Lucas, su marido.

Hacía calor y las aspas del ventilador continuaban inmóviles. Todo quieto. Todo vacío. Alguno que otro entraba para llamar por teléfono o comprar cigarrillos en la máquina y, cada vez que la puerta hacía girar su carrusel, Marta se tensaba con todas sus baterías puestas a punto.

El reloj crujió débilmente como si un pétalo se desprendiera de la esfera y las agujas cerraron un poco más su ángulo. Y no venía. Lucas no venía. Marta estaba harta de rodar por la alfombra, galopar en el sofá, retorcerse bajo la ducha y zarandearse entre las sábanas conyugales, procurando que el entusiasmo del garañón no decayera. Cada vez que el émbolo de carne se desligaba de su apretado y succionador cilindro de terciopelo, reanudaba con ahínco el programa de reanimación poniendo a prueba todos los recursos de su inventiva y todos los estímulos de su limitada experiencia. Mordiscos voluptuosos en los lóbulos de las orejas; lánguida cadencia en la frecuencia de los gemidos; rítmicos roces, imperceptibles, como un hilo de gasa; frenéticas caricias de ametralladora, lengua tentacular, manos reptiles, vulva prensátil y piernas trepadoras reclamando, explorando, penetrando en los desconocidos vericuetos de las sensaciones a la búsqueda de un resorte más.

Hasta que cayeron rendidos.

Marta se acurrucó a su lado, sosteniendo en su mano la extinta herramienta, por si aún quedase la posibilidad de que Lucas regresase para comprobar lo cierto de sus cuernos.

Pero no tuvo suerte. Luchó intrépidamente por retener a su víctima, dentro del campo de juego, más tiempo del que indica el reglamento, consisten las fuerzas y aconseja la razón. Pero Martínez, después de dos horas y media de trasiego, dijo: «Tu marido está al venir», y se marchó horrorizado a propagar por doquier el uso indebido e insaciable empleo al que habían sido sometidas sus potencias viriles.

Lucas llegó, pasada la medianoche, dando tumbos en honor a los goles victoriosos de su equipo. Marta, a la mañana siguiente, se puso en contacto con un gabinete de abogados a fin de tramitar una demanda de divorcio. Un divorcio por desgaste, por hastío. Así de vulgar.

UNa AMigA no acertó en su objetivo, pero VICTOR BAUM clavaría en el blanco, limpiamente, el aguijón venenoso que esparciría la catástrofe justa y necesaria. Estaba segura. Marta esperó a septiembre. No se había valido del servicio postal, sino de una floristería. El encantador ramo de narcisos y prímulas garantizaba que el paquetito dirigido a la atención de los Sres. de Béjar sería abierto en presencia de ambos. Y aparecería la sortija y la nota de VICTOR BAUM, gerente, restituyendo la joya encontrada y confiando que la estancia en su hotel hubiese sido maravillosamente inolvidable.

La sortija era un solitario de lo más corriente, pero, en su interior, tenía una inscripción con la curiosa particularidad de que, junto al nombre del Sr. Béjar, no figuraba el de la Sra. Béjar sino el de Marta.

Hacía calor, un calor insoportable y el carillón del reloj de la plaza dejó oír la media. Marta comprobó la hora. Detrás de la columna, la saeta del minutero caía a plomo sobre las seis. Apretó sus muslos sintiendo que, entre ellos, algo se henchía, pugnaba por salir, como si bullera un cataclismo dentro de sus recónditos y abultados labios. Como si una víbora relampagueara despegando los pétalos de una flor, atirantándolos hasta dejar el cáliz desnudo. Como una crisálida que quisiera escindirse y surgir de sí misma. Cuánto tiempo más tenía que pasar antes de que él viniera y la sacara de allí y la arrastrara y la arrancara y la arrebatara y la apresurara a inaugurar la eclosión que amenazaba con perpetrarse y que ya le empapaba las bragas.

Las ocho y media.

La espera dibujaba, una a una, las enramadas de los nervios, afilaba los vellos como lanzas diminutas erguidas y atentas, apresuraba el aliento, lo entrecortaba. Pero Marta, esta vez, no sentía temor alguno. Todo se cumpliría, estaba segura: él vendría. Vendría ese animal adorable y codiciado y ella vindicaría su pericia, tasaría su destreza y sabría recompensar sus caricias inestimables.

El la dejaría colmada y llena. Sí, él la saciaría, como ningún otro lo había hecho. No es verdad que no hay que exigir nada para obtenerlo todo. No es verdad que, en la merced de ser elegida, consiste el único pago. No es verdad que la intensidad de una pasión basta para hacerla comunicable y compartible. No es verdad, tampoco, que un alto sentimiento sea un don tan preciado que dé derecho a ser correspondido. Estaba harta de equivocarse.

De Iñigo sólo había querido que consintiese formar parte de un ensueño. Pero él prefirió disfrutar la realidad inmediata de su mejor amiga. Con Lucas, desistiendo del toque místico, se atuvo a la letra para que fuese carne de su carne. Desde que lo conoció. Desde que empezaron a salir. Desde que, temblando como una hoja, la besó torpemente, ella no quiso otra cosa de él.

La acariciaba con la suave insistencia de los ciegos, rozándola con las yemas solamente, contorneando sus vestidos y reconociéndolos sin atreverse a infringir sus bordes. Marta se sonreía ante tanta timidez y una oleada de ternura la embriagaba como un vino delicado: era un niño pequeño y debía usar con él dulzura, paciencia y tenacidad.

Y con dulzura, Marta, tiró del sedal y, poco a poco, lo fue guiando a casa. Y con dulzura bajó la persiana, puso música, graduó la luz y sirvió dos gintonics cargados. Con dulzura reptó hasta su boca y le lamió la lengua susurrándole palabras llenas de amor. Le tomó de las manos y las puso sobre sus pechos y las movió y las oprimió contra su carne ansiosa. Se volcó sobre él, extendiéndose, cubriéndolo como una sábana estremecida. Pero él, muy suavemente, se deslizó, se hizo a un lado, apagó la luz y, con una insospechada soltura, le desabotonó el vestido y se lo sacó. «No te muevas», le dijo. Encendió el mechero y lo fue paseando, acercándoselo con morosidad y atención. Marta sentía la llama alargarse por su cuello, resbalar por sus hombros. La sentía, a través del encaje del sujetador, arder sobre las oscuras rosas de sus pezones. La sentía aletear, siguiendo el largo camino de su brazo, hasta desembocar en su vientre. La sentía asomarse en el diminuto pozo del ombligo, retroceder ante sus ingles. «Separa las piernas», le dijo. La llama se detuvo un instante. Un largo instante en el que Marta creyó que toda ella se abría y que de ella brotaba otra llamarada saliéndole a su encuentro y que las dos, como dos lenguas se enroscaban, se estrangulaban, se fundían.

Después el encendedor se apagó.

A Marta, estas extrañas sesiones la dejaban enervada, sobreexcitada y con un cierto dejo de tristeza. Hizo todo lo que pudo para hacerle comprender que prosiguiera, que tomara de ella la posesión que quisiese, que era suya, que, hiciese lo que hiciese, ella no se iba a valer de ello para atraparlo.

No fue, desde luego, la audacia de Lucas, sino su retraimiento lo que espoleó en Marta la determinación, el deseo y la urgencia. A esa avidez le echaba las culpas Lucas cuando le eyaculaba sobre el camisón; a esa voracidad de hembra atribuía su incapacidad de actuar. Marta, entonces, dejó de acosarlo para someterse dócilmente a sus iniciativas dispuesta a corresponder sin apremiar. Y él reanudó sus clandestinas visitas a las cabinas de los *sex-shops,* a los dos meses de casados.

Ojalá la hubiera descubierto. Ojalá. Necesitaba herirlo con saña, sacudir su cólera, instigarlo al delirio del crimen o de la lascivia. Necesitaba el escándalo como una catarsis niveladora. Necesitaba clavarle un puñal.

Pero sólo consiguió quitarle un peso de encima.

Hubiera querido que fuese él quien pidiera el divorcio, quien la culpara. Pues ella manejaría la acusación como arma arrojadiza, desahogaría su rabia cincelada en las espirales de la memoria, vertiría la amargura de la arena intacta de su piel, el recuento de las noches agitadas por la misma pesadilla. Pues, en los sueños, Marta era recorrida por besos, succionada por bocas húmedas y ardientes, fatigada por hábiles y extenuantes caricias, frotada por otra piel, desmadejada y expuesta a una desesperada e insoportable excitación. Marta intentaba alzarse, elevar sus caderas, dirigir su pubis palpitante hacia la arremetida que la traspasara, que penetrara en ella hasta el fondo rebosándola de una plenitud desconocida. Y se despertaba apretando entre las ingles una fruta deshecha en sus propios almíbares y punzada por un obstinado picaflor.

Hacía calor y Marta sacó del bolso la revista y empezó a darse aire con ella. No le servía de mucho pues, a pesar de no ser muy gruesa y de lo liviano del papel, la dobló tanto que la había desprovisto de la flexibilidad que un abanico requiere. Pero qué iba a hacer. No había ni una sola página que no estuviera cubierta de la apetitosa carne de un muchacho con todas sus excepcionales características al relieve. De hecho, más que una revista era un catálogo detallado con rigor para que nadie se llamase a engaño. Si Marta hubiese contado con una información semejante, en más de una ocasión se habría ahorrado ciertas sorpresas. Como con Marcelo.

El Sr. Béjar se llamaba Marcelo. Tendría como unos cuarenta y cinco años y todo el atractivo y toda la clase del mundo. Marta no se lo podía creer. Después no se pudo creer otras cosas, pero, al principio, lo increíble quería decir «fascinante», «fantástico» y «qué habrá visto él en mí».

Apenas unas horas que se habían encontrado, que habían coincidido en un instante del tiempo, en un punto de agosto y de la ciudad, y se habían aliado para poblar sus cuerpos de extrañas sensaciones, exorcizar el tedio con deliciosos pecados y unir los días con una sucesión imparable de caprichos. Habían pedido la *suite* nupcial. «Es como si estuviéramos de luna de miel», dijo Marcelo, «no saldremos de la habitación para nada.»

Y Marta pensó en *Nueve semanas y media.*

Marcelo la abrazó por detrás, hundió la boca en su melena tupida hasta dar con un lóbulo sonrosado como un albaricoque, lo tanteó con los labios dejándole un irisado camino de saliva por su duro laberinto, penetrando el aguijón goloso de la lengua, mordiéndolo. Una de las manos de Marcelo le subió el vestido y la otra alcanzó su vientre sin estorbos, se deslizó entre la piel y el elástico de las bragas, bajó a la selva negra y, sus dedos encontraron la rajadura, separaron sus contornos y se precipitaron a untarse con el líquido que empezaba a destilar, Marta se giró, se volvió a él, se envolvió en él, dúctil, disuelta, como cera en torno a la llama, y él la fue llevando, arrimando, con diestra firmeza hasta que cayeron amalgamados, enfebrecidos y vibrantes, en el lugar común.

Vertieron su tempestuosa pasión sobre la colcha. Frotáronse con saña, se anillaron, se enredaron como zarcillos de vid. Sus uñas signaban, escarbaban con arácnida insistencia, clavaban sus gavilanes, arrancaban a la piel arpegios encarnados. Sus lenguas como navajas certeras, como látigos veloces, como peces mojados y escurridizos. Mil agujas traspasaban cada recodo soliviantado de la carne: la sangre era un fluido eléctrico y las pulsaciones, descargas.

Las ropas de Marta fueron arrojadas, una por una, de los confines del cuadrilátero y, cuando quedó completamente desnuda, Marcelo, agarrándola por la muñeca, empujó su mano al interior de una bragueta desbocada ante la sugestión de los acontecimientos venideros. Al despegarse la tela que la comprimía, la verga se irguió, salió al encuentro de los dedos de Marta y se incrustó en ellos. «Vaya por Dios», pensó Marta. Ahora que no estaba pendiente de nada, excepto de lo que tenía entre manos, sintió despertar en su piel la memoria de otra piel. Y recordó lo que Martínez le había hecho el obsequio de enterrar en sus carnes: un hermoso ejemplar de champiñón gigante, cruzado por abultadas venas y asentado en un par de durísimas nueces. Fue una lástima haber aprovechado el regalo únicamente en el empleo de sus aplicaciones, ignorando la dimensión del disfrute que podía proporcionar.

Y decidió recuperar el goce perdido.

En efecto, se inclinó y empezó a resbalarse por el pecho de Marcelo, le posó los labios en el vientre, tocó su lengua el rojo durazno, justo donde la hendidura se entreabría, y esperó la salida de una temblorosa gota para acometer. Apretó la boca en torno a la columna que se removía, la rodeó firmemente entrándola, sacándola, introduciéndola más en cada embestida, al ritmo que Marcelo imprimía a las bridas de sus cabellos desordenados. Pronto se anunció la eminencia del estallido. Marta, entonces, se incorporó con rapidez y se sentó a horcajadas sobre Marcelo para llenarse con su cremoso y ardiente chorro.

«Desde luego Marcelo no es Martínez», pensó Marta. Y ésta fue la primera reflexión del día después. Terminó con el bidé, se secó con esmero y, al sacudir el agua que permanecía polarizada temblándole, adiamantándole el oscuro cono del pubis, el vello se le ensortijó como el astracán. Una agradable frescura anegó de raso las paredes de la vulva y convirtieron sus pliegues en el interior de una amapola ablandada y llena.

Una segunda reflexión fue que no todo en esta vida es sacar y meter. Y esto no sólo era un augurio de atracciones futuras, sino la decisión de no perder el tiempo obstinándose en lo mismo. Marta se había convencido de que, hiciese lo que hiciese, nunca iba a tener una idea aproximada de si ya tenía al otro dentro o no.

Salió a la terraza y el desayuno había extendido su mantel de hilo y mostraba las cestas de frutas y ensaimadas, las jarras de zumo y leche, la tetera, la miel, la mantequilla y los blancos bulbos de los huevos hervidos. Y Marta se acercó a la tumbona que él ocupaba dispuesta a demostrar que, aparte de lo que no es todo en la vida, hay un sinfín de cosas. De pie junto a Marcelo, encajó la lisura recién afeitada de su mejilla en el hueco de la mano y la atrajo persuasivamente hacia sí mientras se inclinaba para alcanzar las frutas relucientes.

Marta sólo llevaba un salto de cama mal cerrado. Las guindas se posaban en los labios de Marcelo y, cuando iban a apresarlas, se zafaban como si sus pedúnculos fuesen retráctiles. Las guindas rodaban por el vientre de Marta, por los muslos de Marta. Y los labios rastreaban, se pegaban al sendero fragante de la guinda esquiva. Los labios eran lebreles. Acorralaban el señuelo, lo devoraban atenazándolo contra Marta haciéndola partícipe de la dentellada y del sabor, como si ella fuese la fruta y el comensal. Por Marta el deslizarse furtivo de una boca almohadillada, en Marta el círculo húmedo de la captura, el roce afilado del cepo, el rezumar del jugo, el vaivén de la trituración y, al chocar por fin con la impenetrable semilla, sobre Marta era expulsada y sobre Marta rebotaba hasta la alfombra. De Marta eran los dedos que se adentraban en la boca de él, que se le enroscaban en la lengua y prolongaban la póstuma caricia al dulce y frangible corazón oscuro. La guinda agazapada en el cuenco de su ingle, su pierna apoyada en el brazo del sillón... la boca de Marcelo...

Pero cuando Marta quiso que el reclamo atrajese al perseguidor a su destino no consiguió inducirlo a morder el anzuelo. En vano sus dedos espolearon, intentaron orientar, sujetar la lengua, conducirla hasta el clítoris que avanzaba su lanza, que destacaba su perla en el centro de una hoja coralina cuyos bordes su otra mano mantenía abiertos. En cuanto él descubrió la maniobra se separó, echó una rápida mirada a la cama revuelta con disgusto manifiesto y propuso salir mientras le hacían la habitación y le cambiaban las sábanas.

Las nueve semanas y media apenas sobrepasaron nueve horas y tres cuartos.

Marta siempre había creído que los hombres, cuanto más caballeros, más viciosos eran. Y había estado toda encantada. De ahí su decepción cuando regresó de la piscina y se encontró, envuelto en el papel de la tienda del vestíbulo, su miserable *Adiós, muñeca.*

A qué se referiría él cuando proponía tocar el fondo, sumergirse en la depravación y ensayar las obsesiones de las fantasías secretas si era incapaz de asumir que ella amaneciese con la regla.

Hacía calor y Marta hizo una seña al camarero mostrándole la jarra para que le trajese otra. El camarero asintió con desgana. Marta tomó los tiques y dejó el importe en el platito, para ir ganando tiempo. Después se dedicó a la cerveza esforzándose por no mirar el reloj. Porque, más tarde o más temprano, venir tenía que venir.

Quien paga manda.

La cara oculta del amor

Apenas se abrieron las puertas del ascensor, se precipitaron dentro empujándose como colegiales. Marcos tanteó en la hilera de los números buscando el del ático, mientras fundía su boca en la cálida miel de la boca de María. Se apretó contra ella y ella lo premió adelantando la pelvis y pugnando por introducirle entre las piernas un muslo decidido.

El ascensor se detuvo y las puertas dieron paso a la agria luz del rellano. Se separaron temblando aún y la mirada de Marcos rebotó en el escote de María, agrandado porque dos de los botones se habían soltado de sus cierres, y trató de hundirse en el valle aterciopelado que unía dos pequeños y redondos pechos. María siguió la dirección de sus ojos, fijados al estrecho ribete de lencería, captó la intención y continuó desabrochándose. El llavín accionó frenético en la cerradura. Al fin, Marcos se hizo a un lado y ella entró. Con un rápido movimiento, hizo resbalar su gabardina, con la blusa dentro, hasta la moqueta, corrió hacia el colchón que se arrimaba a la pared perdiendo en el camino los zapatos, se tendió entre sus almohadones y sólo entonces Marcos tuvo a su alcance esas dos deliciosas copas bajo cuyo calado la piel aparecía intensamente blanca y los pezones tiernamente rosas.

Marcos se acercó y, a través del tul, los lamió suavemente. La lengua los cubrió con sus escamas de saliva. María entreabrió las piernas y Marcos acomodó su rodilla en el ardiente asilo que se le facilitaba. Hola María, dijo él. Apoyó la mano en el vientre de la chica y deslizó los dedos hacia abajo, buscando averiguar tras la tela una acogedora hendidura donde insistiera su caricia. Espera, dijo ella y maniobró en la cremallera de su falda. El se apartó, y con un diestro ademán le ayudó a quitársela; la lanzó por encima de su hombro y, al instante, la luz osciló como si la habitación entera se hubiese volcado. La falda había empujado la pantalla derribando la lámpara de la mesita. Qué loco, rió María.

Marcos se levantó para remediar el desastre. Recogió la lámpara, la enderezó sobre el cristal junto al teléfono y entonces advirtió, y María se dio cuenta de ello, que el contestador tenía encendido el piloto.

La cara de Marcos cambió de expresión con la misma facilidad que se pasa la página de un libro. Qué clase de llamada esperaba –o temía– que estuviese registrada allí. Marcos, furiosamente, desconectó el aparato. Oye, empezó a decir ella. Pero él regresó a su lado, la abrazó con desesperación, cortando las frases con el acoso de sus labios. María se dejó hacer, perpleja, sin poder explicarse qué sensación intrusa le iba ganando terreno, qué extraña presencia se disponía a invadir los frágiles muros de su ternura, qué ferocidad emboscada la acometería en el momento siguiente.

Quiso incorporarse, imperceptiblemente, sin perder la calma, ignorando que el pánico la estaba empalideciendo. Me tienes miedo, ¿no? Quieres huir de mí. Contéstame. Quieres huir de mí. Marcos pasó del arrebato a la agresión abierta y María comprendió que no tenía otra salida que devolver los golpes.

*

La lluvia cubría de abalorios las ventanillas del coche resguardando a María del tumulto de debajo de las marquesinas; del atolondramiento de los paraguas en las salidas de los cines; del bullicio en las aceras de los bares; del acecho a los taxis al pie de los semáforos. La lluvia preservaba a María entre esmeriladas cortinas de oro para que se entregara intacta a su humillación y a su desconcierto. Seguir, seguir así en el lento desfile de la noche, y no llegar nunca al destino que obligue a despertar, a salir de esta anestesiante y monocorde obsesión y ahondar en el enigma de las sensaciones hasta poder nombrarlas una por una. Por el coche finalmente logró abrirse paso por las avenidas atestadas hasta la puerta de Enrique. Enrique... menos mal que estás ahí. Ábreme. Soy María.

*

Enrique le hizo beber una copa de coñac, tomar un baño, friccionarse con alcohol de romero y tragarse cierta cápsula encarnada. Desconectó el teléfono, cerró las contraventanas de los balcones, apagó la luz del salón y entreabrió la puerta que comunicaba con el vestíbulo encendido. Luego se deslizó imperceptiblemente hasta el ángulo del sofá donde María se acurrucaba, y ella, al presentirlo, acudió dócil como un gatito a la llamada de sus brazos. Enrique la rodeó con pericia ofreciéndole el hombro a la fronda de su pelo, al que el agua había prestado el lívido fulgor de la antracita. Ella sin embargo no consintió que se cerrara el círculo. Rastreó buscando la mano de Enrique y, una vez hallada, se entrelazó en sus dedos como la trama en la urdimbre. Arrastró el botín, nerviosamente asido, hasta alcanzar su boca, y Enrique sintió en sus nudillos un parpadeante roce de alas, o de labios, formulando una súplica inaudible. Tranquilízate, dijo él, tranquilízate. Y con la mano desparejada apartó hábilmente el pelo de la mejilla y le alzó el rostro para que sus ojos se enfrentasen, aun cuando la mirada de María se obstinaba en rehuirle, se resistía a entregarse, a sumergirse en sus pupilas anhelantes e interrogadoras.

Enrique contuvo un estremecimiento y, de la manera más persuasiva que pudo, ritualmente la fue rozando en los párpados, en los labios, en las mejillas mientras la instaba con dulzura a hablar. María seguía engavillada a él, violentamente, pero lejana, como una aguja de hierro que se adhiere sin voluntad al imán; con la boca entreabierta murmurando su salmodia entrecortada e inconexa sobre los dedos de Enrique, o entre sus caricias, o bajo sus labios, pero ajena a su impaciencia y a su curiosidad. Enrique, de improviso, cambió de táctica. Se arrancó de ella, se enderezó y, sin alzar la voz pero con energía, fue inquiriéndole sobre lo que le había sucedido, en qué comisaría había dado parte, si la habían reconocido, y si Marcos estaba enterado.

Sólo entonces María rompió a llorar. Y junto a la sucesión de las lágrimas, rápidas e insistentes como los alfileres que la lluvia derramaba en los cristales, comenzaron a cobrar sentido las imágenes de la linterna mágica que giraba en torno a ella, a ordenarse en frases sus sollozos, a inventariarse los daños y a enumerarse las pérdidas. Y cada acontecimiento retrocedió hasta encontrar la escena, el momento preciso en el que la vehemencia de la pasión no pudo enmascarar a la brutalidad y pelearon.

*

Rodaron por el suelo. El, los puños cerrados y los dientes depredadores. Ella, una maraña de patadas y uñas. Qué está pasando. Qué está pasando. Qué está pasando... El cuerpo enfurecido de Marcos arrojado sobre el suyo, paralizándolo. La boca de Marcos confabulada con la cólera, amenazándola. Los ojos de Marcos culebreando destellos de puñal y de odio, hiriéndola. Dios mío, va a matarme.

Según los manuales, en casos parecidos, es recomendable no resistirse. Pero con ramas de olivo no se sofoca una insurrección, ni en una bandera blanca se aprisiona un huracán, ni con palomas de azúcar se apacigua un potro enloquecido. Intentó alargar el brazo buscando ayuda, pero sólo encontró uno de sus zapatos. Lo empuñó con la esperanza de que su estupor le diera fuerzas para domar lo que sin remedio sucedía, pero no consiguió sino avivar el ataque. Quieres guerra, vale, quieres guerra. María sacudió su cabeza de un lado a otro impelida por el chasquido de las bofetadas y un vórtice de niebla la arrastró al fondo de su veloz embudo dejándola insensible a la rabia que iba roturándole la piel y sólo atenta al miedo que se le condensaba y henchía en la garganta dilatándola como el pecho de un pelícano.

Luego, Marcos le desgarró el panty, le arrancó las bragas mientras una rígida y flagrante barra de acero prorrumpía del pantalón, arremetía contra María y se hundía en ella. María recibió una embestida durísima taladrándole las entrañas, quemándole las ingles como espesas lágrimas de cirio, y gritó. Gritó como un animal despavorido que siente que la tierra se agrieta bajo él.

*

María, a medida que iba vaciando su tumulto, sentía cómo iba empequeñeciéndose, cómo iba disolviéndose bajo el mullido albornoz de Enrique, cómo su cuerpo se separaba de la felpa, más holgada cada vez, cada vez más desprendida, cada vez más combada en el vértice que se abría entre sus pechos. Enrique, a pesar de la penumbra, o quizá gracias a ella, entrevió la empinada palidez de una duna anunciándose en la noche, y se inclinó para tensar el cruce que se deshacía, con tal ímpetu, que no pudo evitarle a sus dedos el impacto de un pezón tenazmente erguido por el baño reciente, o tal vez por el frío que el alcohol suele desprender al evaporarse. Retiró la mano como si le hubiese mordido una descarga, como si entre las manzanas de los pechos acechase una víbora. Entonces, concluyó Enrique, quieres decir que no lo has denunciado.

*

Marcos consiguió descifrar su rostro en el espejo del cuarto de baño. Bajo el fluorescente era una demacrada máscara de yeso rasgando un ámbito en sombras. Sin embargo, su perfecta blancura estaba manchada por la morada tumescencia de un pómulo y por las líneas finas y equidistantes que, desde el cuello, dejaban constancia de su rúbrica. Su imagen se desplazó al abrirse el armario, ocupando su lugar frascos medio vacíos y cuchillas usadas que, al instante, fueron precipitándose al lavabo impulsadas por un irrevocable cataclismo. Pero no se encontró ni alcohol ni mercromina y el *after-shave* tuvo que suplir al desinfectante.

Fue al verter la loción en la palma ahuecada cuando Marcos advirtió que en su mano la sangre se estaba desbordando y el descubrimiento fue como desplegar un enjambre, como azuzar mil avispas agazapadas para que, con sus aguijones amaestrados, dibujaran los penetrantes contornos de la herida. Se envolvió la mano con un pañuelo que enrojeció obediente a su contacto, a duras penas se abrochó la cazadora y salió de la casa.

*

Entonces, quieres decir que no lo has denunciado. Aunque ya es lo mismo, prosiguió Enrique, te has lavado y eso ha hecho desaparecer cualquier rastro que sirviese de prueba. Pero debería verte un médico y, sobre todo, deberías tomarte la píldora ésa «de después». Vístete, anda.

Así fue su reacción a tan penosa confidencia. Pero María necesitaba más su frialdad que su compasión, pues la obligaba a encarar el conflicto, en vez de encenagarse aún más en la angustia. Anulada por la autoridad de la orden, protegida por la impersonalidad de su ayuda y a salvo en la seguridad que da el obedecer, fue incapaz de juzgar qué había de cierto en la noticia de que denunciar a Marcos ya no era visible, ni qué sintió ella al escucharla, si contrariedad o alivio.

De nuevo se sentía subyugada por el dominio que Enrique ejercía sobre ella y entró en el dormitorio serena como un autómata. Una vez que la puerta se entornó tras de sí, conforme se acercaba a sus ropas extendidas sobre el taburete, avanzó hacia ella el óvalo de un portarretratos mostrándole el rostro que la escrutaba desde la cómoda. Con esa melena dividida en dos, el frac y el violín, parecía un joven decimonónico. También la letra de la dedicatoria era delicadamente antigua: «A mi maestro, con afecto y admiración. Marcos Arias». Pero María no pudo distinguir bien lo escrito. De pronto fue como si todo lo viese tras un anillo de cuarzo. Alzó la cabeza, contuvo la respiración, parpadeó deprisa para que no se le escapasen las lágrimas y procedió a vestirse. Con cada movimiento se avivaba el daño: era insistir en las huellas que amorataban su piel, retorcer las pulseras cárdenas de sus muñecas, clavar diamantes afilados entre sus uñas rotas, derramar una marea de cal entre sus muslos martirizados y envolverse en el olor intolerable de sus ropas maltratadas y en su vergüenza.

*

Había dejado las luces encendidas y el piso vacío apareció más dramáticamente solo, como una foto fija que aguardase, inmóvil en la pantalla, la continuación del crimen.

La moqueta acribillada de círculos oscuros y suspensivos, el cubrecama fingiendo un oleaje con la tempestuosa espuma del embozo, el auricular del teléfono por debajo de la mesa, reptando, abriendo los anillos de su muelle y, centelleando sobre todas las cosas, como un diluvio de confetis de celofán, los delgados añicos del cristal del cuadro. Del cuadro abatido, desclavado de la pared y destrozado porque Marcos, en cuanto se supo solo, para continuar con su orgía de rabia se proveyó de un nuevo enemigo: se abalanzó sobre el contestador y lo estrelló contra su imagen de muchacho decadente empuñando con gracia el arco del violín.

Pero él no recordó nada de esto cuando en la Casa de Socorro le preguntaron cómo se había herido. Por primera vez amainó su locura y sólo pudo balbucir: María.

*

Fue escuchando el Concierto en Mi Menor para violín de Mendelssohn, recordó Marcos. Sentí su mano posándose en la mía y, desde ese momento, la música se abrió como una flor que todo lo engullera, excepto la sensación de su caricia como un cuerpo desnudo desperezándose en la palma de mi mano, como la delicada suavidad de las larvas al moverse. Y su pulso era un diminuto corazón que quisiera escapar, que empujara loco por verter su sangre sobre el puño de mi camisa. Sus dedos eran la alusión de un designio, la inmediación de un suceso, una música transcurrida por los litorales de mis manos. Y en su mano yo la recorría, la exploraba por entero: desde la lisura visible de su frente hasta la pulpa de su misterioso laberinto. Yo me aprendía su espalda y medía sus muslos, me adentraba en sus pálidas axilas, me encimaba en las oscuras almenas de sus pechos, indagaba en la humedad de sus ingles y sucumbía en sus nalgas, ahogándome en su estrecho pasaje. Mi tacto era ojos, besos, arco, sendero, oquedad, llave: el tacto de mis dedos era amor. Mi tacto era el dueño único de sus cabellos luminosos y de sus negros rizos. Era una copa colmada de ella, y en ella me embriagaba: en las uvas de sus ojos, en sus mullidos labios, en la suave concha de sus oídos, en sus fresones gemelos, en el cáliz empapado de su sexo y en sus nalgas. Yo sólo existía en el pedazo de piel que cubría su piel.

Mis dedos lo saben todo por sus dedos porque se han ejercitado en su música.

*

Fue escuchando el Concierto en Mi Menor para violín de Mendelssohn cuando Enrique, antes de sumergirse en el *andante* del segundo movimiento, se volvió hacia su alumno para compartir el éxtasis. Y entonces vio las manos engastadas, las rodillas juntas, los rostros girados, apoyándose, entornándose sobre sí como las hojas de una puerta, confundiendo los bucles y el arrobo en una íntima eucaristía que él no podía probar. Sobre el hombro de Marcos podía alcanzar a ver la boca de María, con un punto de luz sangrándole en el labio y aterciopelándole de oro la curva de su límite.

El solista enarboló de nuevo el arco y trató de atraerla a la suave melancolía de su violín. Pero en los ojos de Enrique se fue cuajando el transparente fuego de las lágrimas y, antes de que el movimiento concluyera, estaba llorando francamente. A la salida no quiso acompañarles a tomar la copa de costumbre. Aturdido, inventó una disculpa absurda, se despidió de María con un beso inusualmente conmovido y desproporcionado y apenas si le dijo a Marcos adiós.

A partir del Concierto en Mi Menor, Opus

64, para violín y orquesta de Félix Mendelssohn, María comprendió que los celos habían comenzado a afilar sus garras y a ensayar la porcelana de sus colmillos y, aunque secretamente se sentía halagada en su vanidad, se propuso no dar pábulo a la voracidad de ese animal insaciable. Procuró alejarse de Enrique y, con ello, Marcos también se alejó de él.

*

Entonces comenzaron las llamadas. Sonaban a horas imprevistas sin que pudiese determinar su frecuencia. Eran voces diferentes pero todas masculinas, jadeantes, ansiosas. Preguntaban por él y, a continuación, comenzaban a proponerle extraños servicios, a ofrecerle turbias habilidades. Cuando Marcos contestaba, colgaba sin contemplaciones al primer desvarío, pero cuando se trataba del contestador, el mensaje se recibía completo. Y era evidente que el que hablaba, a medida que lo hacía, iba excitándose con las visiones que le suscitaban sus propias palabras, masturbándose con el estímulo de las sensaciones incomparables que prometía. Y las últimas frases se entremezclaban con los alaridos del orgasmo. Marcos los escuchó por curiosidad al principio, después, intentando penetrar en la corteza de ese perverso juego, esforzándose por comprender hasta dónde le era lícito averiguar su sentido, hasta dónde era posible reseguir los hilos del teléfono y llegar al origen de tan cruel complot. Pero acabó sintiéndose espoleado por los recónditos y desconocidos placeres que las voces le anunciaban y le invadió una morbosa marea de salvaje goce y de culpabilidad. Nada más poner en marcha la cinta, se enderezaba su verga bajo la rígida pestaña del pantalón y, al unísono, se agolpaban en las yemas de sus dedos el temblor del deseo y del desprecio.

Su anónimo interlocutor iniciaba el recitado de sus fervientes amenazas y, contra la bragueta, iban inflamándose los testículos de Marcos, endureciéndose como nueces y cargándose de plomo ardiendo, Marcos desistía de prolongar la lucha contra el engaño, privando a su mano de socorrerle. Terminaba de descorrer la cremallera y por la abertura del calzoncillo se asomaba la encendida tersura de su glande implorando la tenaza de un puño. Pronto, entre sus muslos, la blancura de una vaina, al agitarse, hacía relampaguear la apretada violeta que descubría y ocultaba. Marcos, susurraba la cinta, Marcos... voy a correrme, voy a vaciar mi leche sobre ti, voy a ahogarte. Y los labios de Marcos se entreabrían y, al igual que un animal estira inútilmente la cadena que lo atrapa, su lengua oteaba, succionaba el aire para arrancarle alguna gota del denso aluvión garantizado. Una gasa transparente y resbaladiza relucía en su boca. Marcos, continuaba la cinta, Marcos... voy a encularte, voy a romperte el culo con mi polla. Y la saliva de Marcos, como el aceite sobre una herramienta, inundaba la mano inactiva que, al instante, comenzaba su labor. Llegaba a los aledaños de la grieta que dividía sus nalgas y se deslizaba hasta el fondo del valle. Allí sus dedos presionaban con sabiduría hasta que la carne cedía al fin, alisaba el borde arrugado de su hermético agujero, distendía su conducto acolchado para, una vez absorbida su presa, estrecharse, ajustarse en torno a ella como un molde. Marcos, Marcos... tengo aquí lo que quieres, lo que te mereces, Marcos. Tengo un látigo con nudos, con púas para destrozarte. La espalda de Marcos se arqueaba, se tensaba impulsando su vientre en un espasmódico vaivén. Y su cuerpo se crispaba como horadado por uñas de diamantes y aceleraba su ritmo como sacudido por invisibles lenguas de cuero. Marcos... voy a reventarte, voy a clavarte el mango de mi fusta, voy a hincarte el cañón de mi revólver, Marcos. Y un, dos, tres dedos de Marcos desaparecían en el elástico túnel y volvían a emerger con la precisión de un pistón bien lubricado. Voy a dispararte el chorro de mis cojones, a orinarme en tu boca. Marcos. El aro que formaban el pulgar y el índice sobre la húmeda ciruela del glande se ocupaban frenéticamente de que fuera eyaculando todo el nácar, abatida la altivez, la dureza amansada, mientras la cinta exhalaba un penetrante pitido señalando el final de la ceremonia.

*

Marcos temía servirse de María para olvidar su infierno clandestino, temía convencerla de que la necesitaba para resolver sus dudas, temía exigir de sus caricias el contrapeso para esa atracción que estaba arrastrándolo hacia una dirección peligrosa. Quería salvaguardarla, no involucrarla en la trampa del amor, pero, al mismo tiempo, acudía a ella ineludiblemente porque lo que más temía en el mundo era perderla.

María era consciente de la precariedad de esta relación. Pero lo único que sabía era que lo quería, que lo deseaba y que la precaución con que Marcos correspondía a sus avances la enardecían hasta enloquecer.

He sido yo, reconoció dolorida ante Enrique, he sido yo que no he parado hasta obligarle a que me llevara a su casa.

*

No está todo perdido entonces, reflexionó Enrique disimulando apenas la avalancha de esperanza que le había sobrevenido, no. No lo está. Llegará el día en que llame a mi puerta y se abandone a mí y se me entregue y me pida perdón por el atroz sufrimiento que me ha hecho soportar, por las horas amargas que me ha hecho ingerir. No, no está todo perdido. Un día oiré decir a su boca suplicante: Enrique, amor mío, ofreciéndome el coral mojado de su lengua y la indefensión de su cuerpo de ciervo. Pues habrá comprendido, por fin, que hay algo más profundo en la complicidad oscura de los palcos que amparan una devoción prohibida. Que hay una angustia indecible en el mirar al reloj ante un café interminable, una agonía en la quietud de la casa y una lanza en cada timbrazo de la puerta. Que hay grandeza en el dejarse ir a la deriva sin brújula que indique una probabilidad. Que hay heroísmo en la arrogancia de fabricar un palacio de ilusiones infundadas y habitar en él. Que hay un encarnizado martirio tras las ridículas lágrimas de un hombre en un concierto de Mendelssohn. Un día comprenderás y el arrepentimiento te aprisionará con su cepo y no te atreverás a venir a mi casa a solicitar mi indulgencia o mi castigo. Pero en los muros de los solares, en las fachadas de los edificios, en los túneles de las estaciones, en las puertas de los ascensores, en las baldosas de los urinarios públicos, en los cristales de las cabinas de teléfono, me escribirás tus ruegos y desagravios. Me ofrecerás tus mejillas para que las golpee, tu cuello para que lo surque, tu espalda para que la desgarre, tus pulsos para que los maniate con las cortantes cuerdas de mi violín, tu pecho para que saje sus botones minúsculos como moras, tu vientre para que lo desolle, para que penetre en él hasta el hirviente bullicio de tus vísceras, y el níveo alabastro de tu culo para que lo profane con mi verga, lo asole con mis garras y lo amorate con el azote de mi vara de maestro, niño desobediente y consentido. Pero yo tendré clemencia y, cuando salte tu sangre primera salpicando mis labios con sus rosas metálicas, no podré sustraerme al encanto de tu rostro dolorido. Y caeré a tus pies, víctima del amor que me aniquila y pondré en tus manos mi flagelo, verdugo mío, para que tú te vengues del castigo que quiso imponerte mi osadía.

*

María desapareció por la puerta de Urgencias. Enrique sacó de su bolsillo el rotulador y sobre la máquina de café escribió su infatigable mensaje: Soy Marcos, tu perro, la carne de tu fusta. Necesito que me atormentes. Llámame al 237-03---

Et ne nos inducas

Alzó los pliegues morados asomándose como si se acodara en un precipicio. Se adentró en la oscuridad y las sombras lo atrajeron, lo atraparon en su túnel devorador. La cortina cayó suavemente sobre sus espaldas y él se encontró encerrado en el cáliz de una flor carnívora.

—Ave María Purísima.

—Sin pecado concebida.

—Padre, hace tres días que no me confieso...

Tres días antes, sólo tres días, lo escuchó en confesión y se sintió tan confundido ante una inocencia tan singular que, en vez de darle la absolución, lo bendijo. Hacía sólo tres días que el hermano Angélico, ese novicio santo, aún conservaba intacta la blancura de la estola bautismal. ¿Cuál habría sido la naturaleza y la gravedad del yerro para que su susurro tremara como las alas de un insecto acorralado, si «en el Señor está la misericordia y en su mano tiene redención abundantísima»? ¿Qué dudas lo atormentarían?, «porque, así como el oro se prueba con el fuego, el hombre grato a Dios se prueba en el crisol de la tribulación». ¿Qué acechanzas lo estarían amenazando?, «porque el demonio, nuestro enemigo, como león rugiente anda a nuestro alrededor buscando almas para devorar». Qué peligro lo había hecho sucumbir...

—Y me acuso de haber faltado a la santa modestia.

—...

—Sí, Reverendo Padre.

—...

—Hace dos días.

—...

—Con los demás, en el coro. Durante el rezo de maitines.

—...

–Sí, Reverendo Padre. Era la primera vez.

Era la primera vez que el hermano Angélico dirigía el Oficio Divino. De pie, ante el facistol, signó el trazado de una reja invisible sobre sus labios *–Domine labia mea aperies–* y, al momento, se alzó un incontenible oleaje que se precipitó salpicándole con sus abiertos abanicos de espuma y alegría *–Et os meum annuntiabit ludem tuam–,* retrayéndose luego, suave y preciso, dejando la arena lisa y atenta a su palabra *–Deus, in adiutorium meum intende–,* para retornar al punto *–Domine, ad adiuvandum me festina–,* y al punto retirarse como va y viene la marea imantada por la autoridad de la luna *–Gloria Patri, et Filio, et Spiritui Sancto–.* Y el hermano Angélico, olvidando toda unción debida, levantó la mirada, la apartó de la oración recorriendo la blanda cordillera de capuchas como un pastor que apacentara entre lirios.

Sus ojos resbalaron por los sitiales hasta tropezar con el mástil de otros ojos que, sobre la sumisión de la nieve, erguían su atención. Entrechocáronse las miradas y el novicio se recogió veloz tras el blindaje de sus párpados.

Todo duró un instante.

—Lo que sentiste, hijo mío, ¿fue semejante a la soberbia de un monarca ante el esplendor de su reino o a su vanagloria por la reverencia de sus vasallos?

—...

—¿Fue como la altanería de un general ante el escuadrón desbaratado del enemigo o como el orgullo ante el desfilar victorioso de sus huestes?

—...

—¿Fue la vanidad de un pecador que se cree merecedor de la misericordia o la fatuidad del elegido que da por cierta su salvación?

—...

—¿Hubo en tu mirada alarde, jactancia, engreimiento?...

Duró un instante, sí, pero el novicio Duncan pudo capturar esa fugaz trabazón entre la mirada que fluía y la mirada que acechaba y, después de mucho meditar sobre ello, se agazapó en el claustro y aguardó la ocasión propicia. En cuanto divisó a su santo compañero, se allegó a él desalado para, haciendo gala de una portentosa caridad, darle puntual razón de los estragos que las seducciones de Satanás estaban operando.

Harto trabajo el suyo pues, si bien el creyente puede suspirar por el paraíso que sólo conoce de oídas y el ciego imaginar los colores al pronunciarlos, el hermano Angélico ignoraba la mayoría de los pecados hasta de nombre, pues a los dictados de la ley natural y a los mandatos de la ley divina había añadido el íntimo precepto de negarse toda consideración y alusión a su sustancia corporal. Duncan hubo de emplearse en las más variadas diligencias para prevenirle de las innumerables formas bajo las cuales –la carne mayormente– discurre el Malo.

–¿Hubo afición desarreglada, curiosidad ociosa, mirada indebida, indiscreta o descompuesta?

–Hubo distracción en el rezo, Reverendo

Padre, ningún imperio de mi voluntad y flaca vigilancia sobre mis sentidos.

—¿Reparaste en tus potencias interiores indicios de alteración?

—No, Reverendo Padre.

—¿Percibió alguno tu fervor desamaestrado? ¿Fue piedra de escándalo lo disoluto y consentido de tu vista?

La vista es la custodia del corazón, le amonestó Duncan, por eso es indispensable tener mucha cuenta de ella y refrenarla por doquier. Hay que atajar al adversario, hermano mío carísimo, antes de que traspase las puertas, porque primero es sólo pensamiento, después imaginación, después el feo movimiento y por último el regodeo, que es cuando el Enemigo ya se ha apoderado de todo, como enseña Tomás de Kempis. Pero cuando, además, unos ojos encuentran otros donde reflejar la intensidad de su torrente e hincar la mirada y anudarla en otra, puede darse por tendido el cordel que conducirá las múltiples invenciones del pecado. Allí engarza Babilonia sus púrpuras desgarradas, desvelando las petunias suavísimas de sus pezones, la invitante lozanía de sus muslos, la voraz urgencia de su vientre, el hocico hambriento y chorreante del peludo animal que, según dicen, tienen las mujeres entre las piernas. Y la simple visión de su lascivia es más enérgica que un puño veloz. Enseguida un anillo de irrevocable deseo, cual sortija de un sacrílego desposorio, atenaza la, hasta entonces, indócil medusa de la virilidad y la muda en gallardo combatiente.

Toda vez que el apetito se iza ondeante a lo largo del asta, Babilonia aprieta sus dedos en la nuca de su víctima y la incita hasta sus henchidos pechos para amamantarla con su ardiente licor, y sus pezones de petunia se endurecen como los nudos de las disciplinas mientras la saliva que los anega se mezcla con la lujuria que derraman. Toda vez que el apetito se cierne, Babilonia abre sus muslos de yedra sobre los flancos de su elegido, asedia la insurrección de la carne sublevada, la ahonda, la aloja, la rodea con los herméticos y cremosos muros de su cóncavo conducto como un calibre se ajusta a la bala. Babilonia, toda vez que el apetito despierta, descubre entre la maraña su hocico abrillantado, su ancha lengua vibrando como un tentáculo temerario y preciso, sus labios succionando, inmovilizando el saltarín juguete, cerrándose sobre el sedoso manjar, introduciéndolo en una boca hecha, de pronto, de leche hirviendo; de pronto, de nieve.

Es imposible no sentir un aliento jadeante, cálido, acercándose, traspasando, aguijoneando la humedad tupida de las ingles; es imposible, toda vez que es convocada Babilonia, resistirse a su soberanía; es imposible mantener el corazón, el índice y el pulgar alejados de la pletórica manguera que oscila antes de disparar su caudal contundente y momentáneo. Es imposible.

—Sí, Reverendo Padre: fui sorprendido y me arrepiento si he dado ocasión al desvío o he sido motivo de perjuicio y de contaminación.

El novicio Duncan había sido testigo de cómo unos ojos cándidos penetraban en otros, ávidos e implorantes, que, cuando ambas miradas se fundieron, no pudieron sofocar el deleite. El *Flos Sanctorum* ilustra copiosa y ejemplarmente sobre cómo la paloma es instigación y pretexto a la persecución del gavilán y cómo, al pie del muro que protege a los vírgenes, se abre la sima del infierno donde un ingente hervidero de cuerpos se retuerce y bulle.

Con mucho tiento, el novicio Duncan, en un provechoso ejercicio de docencia, le instruyó sobre la castidad, que no reside, únicamente, en mantener la lisiada humanidad de uno fuera del estímulo que la vigorice ni en carecer de maestría en sacudirla ni en la privación o imposibilidad de meterla en alguna parte ni en impedir que algo mantecoso le regurgite a uno por la punta. Es algo más que eso. Porque de nada sirve preservarse intacto mientras los demás, puesto que es la ausencia lo que acucia el apetito, comercian su daño espoleados por el estorbo.

Con pasmo y consternación el hermano Angélico fue comprobando que todo bien, fuera del Cielo, encierra en sí su propia réplica invertida. Por eso, su cuerpo purísimo que tanto celara como Templo del Espíritu Santo, a la vez era reclamo del Espíritu Maligno que se valía de los adornos de su juventud para imprimir torpes sugestiones en el ánimo de las almas envilecidas y perpetrar siniestros en las débiles.

—¿Hubo plena advertencia? ¿Accedió tu voluntad? ¿Te recreaste en ello?

Qué iba a saber él de los aprietos y combates que su sola apariencia suscitaba, cómo identificar las soterradas propensiones de la sensualidad reprimida, cómo desbaratar el poderío, menospreciado hasta entonces, de la naturaleza. Cómo maliciar que, lejos de censurar sus ojos erráticos, aquel que observaba con interés arriesgado y pernicioso los reclamaba cual un dañino cebo al pez escurridizo, atendiendo al momento de ingresar en ellos, de allanarlos como un violento huésped: aquel, sí, precisamente aquel que, por la misericordia divina, tenía potestad para salvarlo, incurría en desvaríos contra la templanza, daba entrada a toda suerte de extraviadas inclinaciones y repudiaba al sosiego, mediante su ingenuo concurso y el patrocinio de Satanás. Cómo iba él a maliciarlo.

Porque, para el hermano Angélico, el Padre Confesor no estaba sujeto a las flaquezas de la corrupción original ni a los halagos de una voluntad viciada, ni a la briega entre las fuerzas contrarias de la tentación. Qué sabía él, pobre santo, de la tentación. Pero ahí estaba el novicio Duncan como un paciente yunque dando forma a la máxima de Job: «Tentación es la vida de hombre» para adherírsela en las entrañas.

A partir de entonces, el santo novicio se invistió de cautela corroborando que, toda vez que por extrema necesidad encumbraba la vista, hallaba la ojeada ansiosa y expectante del Padre Confesor saltando sobre sus ojos desprevenidos con la velocidad de un zarpazo, con la soltura de una liebre zambulléndose en su madriguera.

Luego era verdad. Luego era posible. Y al igual que un objeto va haciéndose visible en las sombras, el santo niño fue adivinando hasta adquirir la definitiva certeza de que, taimadamente, mientras era contemplado, un rosado y bruñido cachorro iba sobresaliendo de la erizada guarida del Padre Confesor, hinchándose, tensándose dentro de la elástica tenacidad de la placenta, emergiendo, agrandando la cuenca vacía e insondable de su único ojo, avizorando, bajo los pliegues monacales, la proximidad de la carne fresca, de unos labios mullidos, de una boca de albérchigo, de un torso conmovido como una tulipa de ámbar, de una cintura prieta como un nardo, de un vientre flanqueado por afiladas crestas repetidas, de un esponjoso vello adolescente orlando el escuálido sueño de la virtud, de la fruncida y oscura frambuesa apretada entre la rajadura de unas compactas nalgas.

Claro que era posible pues, conforme lo vislumbraba, su inexperta anatomía iba verificándolo imitando cada sismo, reproduciendo cada mutación, evidenciando cada arrebato, certificando la totalidad del desastre, encarnándolo y habitándolo en él.

Sintió, a través del olor de lana y cera del ambiguo hábito, la recóndita esencia de su hombría, fugaz en un principio, pero después presente, atroz, con la persistencia del remordimiento. Sintió el tibio tacto de su ropa anunciándole los misterios de su omitida corporeidad: el lugar donde se empinaban sus menudos pezones, el interior suave de sus muslos, la espalda como una explanada dividida. Sintió trepar por sus piernas calambres desconocidos, punzar en sus ingles minúsculas abejas, descender por su vientre un imparable borbotón de lava, condensarse el fuego en sus bolsas gemelas y hasta ahora ociosas. Sintió centellear en su innombrado miembro una culebra rápida y candente, haciéndolo estremecer con impulsos rítmicos y precisos como látigos, enarbolándolo, endureciéndolo, ensalivándolo, destacando el grueso trazado de sus ríos como las vetas de un ágata. Sintió un asfixiante oleaje invadiendo sus pulmones, un acelerado tambor resonando en las encrucijadas de sus venas, un sutilísimo vendaval agitando las enramadas de sus nervios. Atónito, en el centro de la tempestad que se agitaba a su alrededor, incapaz de replegar su ímpetu –pero a la vez queriendo ahogar en ella la vehemencia que palpitaba en su vientre intocado, que removía un extraordinariamente turbio sedimento, y reducirla, sitiarla, expulsarla de su azuzada carne: no dejar lugar en ella para la marca de Lucifer–, sintió un enervante desmayo, una insoportable e insaciable agonía, una pavorosa exaltación, una audacia, una ajena determinación en sus manos inhábiles que las sepultó en sus embozadas ingles entregándose derribado, precipitado al fin y a la perdición. *«Timor mortis»,* musitó angustiado, *«timor mortis conturbat me.»* Y una lívida palmera estalló su salva en medio del atormentado torbellino, cruzando la red de los aullidos de una bestia azotada, trazando su limpia verticalidad entre los azarosos vaivenes de la desesperación y los demoledores temores al escarmiento.

En ese punto, un aluvión de revelaciones prohibidas cayeron sobre el santo niño igualándolo en el suplicio, la irredención y el oprobio de su víctima.

Duncan, cuando las sombras comenzaban a bajar a ras de tierra, lo rescató de entre los escombros de su resquebrajada doncellería y, socorriéndose de un levantado amor al prójimo, lo hizo entrar en sus brazos para resarcirle en su persona de su contricción y desconsuelo. Lo sostuvo contra su pecho sintiendo hervir el incendio de la desventura junto a su corazón, los pleamares del llanto junto a su mejilla, el incesante roce de una susurrada porfía junto a su oído. Introdujo sus dedos en la flexibilidad de los irisados bucles hasta acariciar la rotundidad del cráneo resiguiendo su consistencia, averiguando la perfección de su esfera, amansando los alborotados murciélagos que se agolpaban bajo su frente. Era como tener en la mano un pájaro exhausto, a merced de su condena o de su gracia.

El hermano Angélico fue despidiéndose de la desdicha al abrigo de ese contacto, distinto a cualquier otro contacto anterior, mas no por ello dio de lado a su pretensión y a su protesta de santidad. Por el contrario, transverberado de fortaleza, obligó a su condiscípulo, a cambio de aplicar a su intención todo el acopio de indulgencias que sus plegarias pudieran obtener, que satisfaciese en sus carnes la purgación de su caída y, con el gracioso descuido de quien lanza una rosa, le alargó el cíngulo que ceñía su talle. Con prontitud se despojó del escapulario, de la esclavina y, desabrochándose el hábito, prorrumpió desnudo en medio de la estancia con la facilidad que se desgaja de la cáscara la fruta, o se arranca de la vaina el acero.

Se engolfó Duncan, con animosa resolución, en procurarle tan saludable remedio y, pronto, la inerme espalda del angelical niño se arreboló como un sangriento ocaso y de sus hombros manaron sierpes, pistilos escarlatas, finísimas lenguas de prodigiosa longitud centuplicando con creces, el manantial rojo, la pálida mancha de su depredada virginidad. Porque el cordón estaba entretejido con púas.

La golpeante inmolación fue lenta como el disminuir de las luces al atardecer, pero, al final, el cordón era un morado lirio y las paredes estaban punteadas de oscuras constelaciones. Duncan, sin poder prolongar más el castigo ni retardar por más tiempo su veneración, se arrodilló ante el mártir y oprimiendo sus labios, cual si quisiera cauterizarlas, enjuagó sus heridas.

La sangre era dulce, como la miel que destila el corazón de las pasionarias, y la carne, inflamada y caliente, tenía la abultada conformación de la lágrima de un cirio. Duncan gustó de esa carne y esa sangre –envidia de la abeja– con hartura, uniéndolas en su lengua con las insólitas palabras que le brotaban resplandecientes y fugaces como espejismos. El pobre niño no sabía que, en cuanto a despeñadero, cierta clase de ternura sobrepasa con mucho a cierta clase de codicia, por eso quiso manifestar su gratitud con un: «Dios te lo pague, hermano mío», antes de que el desfallecimiento lo expropiara de este mundo. Porque la insipiencia no suprime el instinto, aunque confunda los nombres y llame «ser confortado» a «ser transportado al séptimo cielo». El pobre niño no sabía que, en la penitencia, también puede estar el delito.

–Mis ojos han ofrecido hospitalidad a las impúdicas intrigas del demonio, Reverendo Padre. Mis ojos han sido brújula del infierno y yo lo desadvertía en mi necedad –balbució por fin–. Pero, por la infinita misericordia, me ha sido manifestada la condición de mi deuda y la índole de los envites de los que he sido motor.

—Oh, niño castísimo, mientras otros jóvenes se afanan, sin miramiento alguno, estampando en sus mentes fisonomías deshonestas, revolviendo sus miembros con pasatiempos licenciosos y exponiéndose con ligereza a la brecha enorme de una muerte repentina, tú haces gran peso y disgusto de un tropiezo instantáneo —reflexionó el confesor en las interioridades de su costal de pecados y desgobiernos.

Pues él mismo era de una fragilidad tal que, a la simple vista de objetos cualesquiera, experimentaba guerras en el pensamiento, rebeldía de la voluntad y antojos de los sentidos. Así, si por acaso un enjambre de etéreas libélulas le andaba cerca, él debía enfrenarse para no compararlas con diminutas vergas de ángeles o, si revoloteaban los ángeles en los retablos, no esforzarse en entrever, bajo las gasas sucintas, cárdenas libélulas vibradoras. Pero no siempre podía valerse y sucumbía a tan detestables entretenimientos. Por eso, el estar rodeado de tanta gente joven y bien parecida, hacíale comprometer sus postrimerías muy gravemente.

Como alma en pena el confesor se deslizaba por los tránsitos, corriendo tras el propio aliento que le huía, mientras los demonios le espiaban entre las crucerías insuflándole propósitos indecentes y actos libidinosos. Imposibilitado para enmascarar su sinvivir, irrumpía, sin achaque aparente, en la celda del predilecto mendicando alguna súbita complacencia que le aplacase lo que le soliviantaba. El hallazgo no era muy escabroso –un lecho tibio aún, una prenda con el olor reciente de su dueño y, con suerte, al novicio en camisa– pero bastante para que el diablo le entrara a saco e hiciese presa de sus bienes. Se arrojaba desatentado a las sábanas, se acurrucaba en ellas como un perro apaleado rastreando los vestigios del hogar perdido. Olfateaba con fruición las ropas, las pegaba a su carne, exploraba los pubescentes efluvios, a veces las robaba; palpaba encarnizado la fatigada madera del reclinatorio, la desgastada huella de los codos, de las rodillas; lamía el cuero de las sandalias; colocaba los labios en los cristales de las ventanas que habían dibujado su reflejo, sobre las baldosas que recibían sus pasos, que se alfombraban con su movible silueta y, más réprobamente, allí donde presumía que los labios añorados habían sido puestos aun cuando se tratara de un trozo de reliquia. Pero, si la celda no estaba vacía... escapaba de su propio albedrío por un laberinto de salidas falsas sin resolverse a darse a la fuga o a meter, definitivamente, la cabeza en la boca del león.

—Bueno, bueno, hijo mío— contestó afable—. Si te examinaras con más esmero convendrías en que no es muy acendrada tu humildad cuando te arrogas tales tropelías. Medítalo en la presencia de Dios, rézale una Salve a la Santísima Virgen para que te invite a la enmienda y, ahora, di el acto de contricción.

—«Señor mío Jesucristo, Dios y Hombre verdadero...»

—*«Miseratur tui omnipotens Deus...»*

—«...por ser Vos quien Sois, Bondad infinita, y porque os amo sobre todas las cosas...»

Como por acaso, vino a rozar la mejilla del niño que acusó su intrusión con un gesto retráctil, con un retroceso brusco como si un sable hendiera su pecho, como si una cifra de fuego lo señalara, o hubiese pisado una víbora.

—Pobre corderito —pensó el confesor con triste dulzura—, pobre corderito. Ya no tienes nada que temer.

Cierto que, al principio, él se había afanado en incluir, dentro de los inmoderados esparcimientos de su mente, al inmaculado niño. No regateaba ardid para excitar su intemperancia: se fijaba en cada rasgo de sus facciones, en cada gesto de su expresión, en cada actitud de su compostura, atreviéndose al punto de figurarse sus virginales arcanos, con el propósito de incorporarlos a los trances más obscenos. Sin embargo, pese a sus incontinentes mañas, ninguna perturbación contraria medraba en sus adentros y, por más que se enconara en ello, todo era baldío.

Pues en balde los llameantes ojos del confesor insistían solicitando alivio, exigiendo coincidir la imagen real con sus inventivas de sátiro. En balde, se representaba las defendidas delicias de su interminable aspiración. En balde, quimerizando, le tocaba la boca. Le tocaba los labios, inviolados como la bocallave de un estuche que había que descerrajar, como el angosto umbral que había que desbrozar para inaugurar una misteriosa caverna. Muy delicadamente, uno a uno, los dedos iban encajándose, iban sumergiéndose, lustrándose en el delgado almíbar; después era la lengua la que tanteaba, la que avanzaba, firme como un taladro, hasta ajustársele, hasta vaciársele, hasta juntar una boca en una boca. La lengua caracoleaba, escudriñaba la perfumada gelatina del paladar, el sabor caliente de la saliva, la carnosa pica de la lengua adversaria, en balde.

En balde ofrecía su persona al sello ardiente del beso y a la impronta del mordisco. En balde inventariaba todo cuanto disponía su ser para encenagarse en la depravación, para simular fornicaciones y liviandades. Era en balde suplantar el cuerpo esquivo con cualquier otro cuerpo inanimado y obediente. Se aferraba a su manta enrollada, como la locura se aferraba a su visión, se abalanzaba a ella con el incontrolable designio de enclavarse, de calar en sus entresijos y cohabitar en su sustancia. Se engañaba fingiendo que injertaba en una flor su arboladura, en un obstinado capullo que al final se convencía y se ahuecaba, se agigantaba, se desmembraba separando sus pétalos, soltándolos como un puñado de arena, como el perfume de un frasco destapado. Pero su fláccida ampolla le corroboraba su incapacitación para el exceso carnal y es que, a ese niño, no podría concebirlo de otro modo que no fuese rodeado de azucenas.

Así que el mirarlo, el pensar en el novicio santo, lejos de irritar los sitios de su desvergüenza, los apaciguaba y, todavía más: contranaturalmente, por más que arreciase en suplir con la mecánica la ineficacia de la fantasía, prevalecía la flojera, la desgana, el blanco y arrugado testimonio de que la gracia habíale embotado la ambición de cualquier amago ilícito y redundaba en su aturdido anhelo domeñándolo e infundiéndole castidad.

Pronto pudo solazarse en el hermano Angélico sin escrúpulo alguno apelando su patrocinio como adalid, escudo y guía, y aprovechaba el mínimo resquicio para embobarse y beneficiarse del usufructo de la santa pureza que emanaba por toda su persona. El verle le inducía a las lágrimas significando el gozo dulcísimo de su corazón recobrado. Pues desde hacía unos meses le había cogido el gusto a emularlo y se acostumbró a practicar algunos actos diarios de pudor para corregirse de sus relajos habituales.

¿Le daría la absolución esta vez o se daría a sí mismo el parabién por tenerlo contiguo, rebosándolo de una rara plenitud?

—«Et dimissis peccatis tuis perducat ad vitam aeternam.»

—«...propongo firmemente nunca más pecar, apartarme de todas las ocasiones de ofenderos... Oh, Dios mío, oh Dios mío, oh Dios mío...»

Desde hacía unos meses, aun en el más profundo sueño, la impetración al niño conseguía la interrupción de la añagaza desvelándolo antes de que el íncubo vomitara en las sábanas su pálida rúbrica.

—«*Indulgentiam absolutionem et remisionem peccatorum tribuat tibi omnipotens misericors Domiminum.*»

—«Ofrezco, Señor mi vida, obras y trabajos en satisfacción de todos mis pecados...»

Desde hacía unos meses, se acabaron las insidias en pos de los cimbreantes hábitos juveniles. Se acabaron los cepos, las trampas, el fogoso otear por los pasillos: la mera evocación del angelical semblante era renunciar a otras torcidas preferencias. Por eso, por permanecer digno de su pureza celestial, dio fin al apego insano que albergaba con respecto al más hermoso y turbador de sus discípulos.

—«*Ego te absolvo, in Nomine Patri, et Filio, et Spiritui Sancto. Amén.*»

—«...perseverar en vuestro santo servicio hasta el fin de mi vida. Amén.»

Apenas dos días después, mientras arrobado se enfoscaba en el niño que proclamaba las alabanzas al Señor, el Padre Confesor, con júbilo y firmeza, hizo el voto de que las alevosas incursiones al aposento del hermoso y turbador Duncan no se reanudarían jamás.

—Vete en paz, hijo mío, y en la gracia de Nuestro Señor.

Se alzó del tribunal de la Penitencia y se dirigió al altar de la Virgen sintiendo en la nuca dos pertinaces tábanos. Volvió la cabeza en un acto incontrolado y, según sus suposiciones, las dos fieles y embelesadas pupilas del Padre Confesor le pisaban los talones y le lamían los filos de sus vestidos.

Oh, Dios mío, Dios mío, ¿puedo estar yo purificado mientras él reincide en su obcecación y se refocila en su deshonestidad? «Si tus ojos te escandalizan, arráncatelos», le había recordado, cristianamente, el novicio Duncan. Pero, ¿eran solamente sus ojos? El hermano Angélico rezó fervientemente la Salve a los pies de la Señora y, luego, reclinándose sobre el tren de cirios, sacrificó su rostro incomparable a la devastación del fuego y a la incandescencia de la cera.

Todo duró un instante.

La castigadora

El simple movimiento de su brazo para alcanzar el toallero hizo que se quebrara la tupida cordillera de espuma, se extendiera un lago, y se dejara ver, bajo el vaivén de las aguas, un pezón erguido orgullosamente, Lola, una vez asida la toalla, saltó de la bañera provocando definitivamente el cataclismo, rasgando las crepitantes nubes que la cubrían y que resbalaron por su piel en rápidos e irisados culebreros. Tiritando y húmeda, se envolvió en los flexibles anillos de la felpa y avanzó hasta el espejo. Pasó su mano sobre él y barrió el vaho que le impedía encontrarse. VEREMOS QUE SE PUEDE HACER, dijo cuando, por fin, distinguió la interrogación de sus ojos en el azogue. Porque esa noche era su última oportunidad. Mañana a primera hora todos regresarían y sanseacabó. TENGO QUE ESPABILARME.

Se desprendió de la toalla y comprobó el caramelo de su bronceado al extender por él la crema hidratante, la suavidad de sus muslos bajo la lluvia del talco y la fragancia de sus pechos instigada por el agua de colonia. Retrocedió para ocupar el espejo con una mayor parte de sí misma y se asomó desde el trazo atirantado que le despejaba la frente, hasta justo la línea donde cierto vello comenzaba a rizársele aún espolvoreado por unas rezagadas gotas de agua. TXOMIN, PREPARATE.

Todo había comenzado con la inauguración del festival. Después de una recepción a la prensa con los güisquis y los gintonics circulando de forma inaudita, Carlos, Ramón, que más que una pareja de novios parecía de siameses, y Lola se escabulleron a la habitación de Txomín para probar «cosa buena» recién traída de Nueva York.

Lola se sentía cargadísima: aquello le había puesto muy mal cuerpo. Apiñó los almohadones de las camas gemelas en el cabecero de una de las dos y se recostó después de ocultar sus piernas bajo la falda estirada en un amplio y plisado abanico. Carlos y Ramón empezaron con sus arrumacos sin ningún miramiento, hasta que decidieron abrirse. Abrirse de largarse, porque en los tocantes a las cremalleras nunca les faltó la voluntad de deslizárselas mutuamente donde y cuando fuere y, a esas alturas, los presentes tenían sobrada información acerca de los colores de los calzoncillos de ambos.

Allá quedaron Txomín y Lola apurando unas cervezas, no demasiado frías, e intentando disimular el malestar que a él le producía el presenciar cierta clase de manifestaciones y a ella el estar, sencillamente, hecha unos zorros. El silencio, como un arco dispuesto a lanzar la saeta, tensó su cuerda hasta un límite insoportable, hasta que, simultáneamente, Lola se incorporó del lecho y Txomín de la butaca, quedaron enfrentados, muy juntos, rozándose y de pronto se abrazaron, se buscaron las bocas y, mientras sus lenguas se enredaban, las manos de él bucearon bajo la blusa de ella como dos peces depredadores.

Lola cerró los ojos y procuró concentrarse: DISFRUTA, MUJER, QUE SABE DIOS CUANDO TE VERAS EN OTRA. Estaba muy difícil el asunto. Por lo pronto, ella hacía lo menos dos meses que no lo probaba. QUE MALA SUERTE, PRECISAMENTE AHORA ME TIENE QUE PASAR ESTO. Ni era el momento ideal ni estaba en su idea Txomín, pero una cosa es que una mujer pueda hacer lo que quiera y otra es que le sea posible hacerlo cuando quiera y con quien quiera. ASI QUE APROVECHA, MONINA. Y dócil se esforzó en transportarse, en disipar las alarmas que la mantenían quieta, tensa y convulsa, y separó la incisura de su entrepierna, alisándole el camino a la dura turgencia que le obligaba a retroceder hasta que consiguió abatirla sobre la colcha. NO VAYAS A MAREARTE, NO VAYAS A VOMITAR, NO SEAS ABSURDA Y PASATELO BIEN. Los botones de su blusa fueron soltándose con la precisión que una ciudadela suelta los eslabones de su puente levadizo, y el aliento de Txomín, como la linterna que hunde bruscamente su luz en la quietud de un desconocido pasadizo, le ardió en la carne. PON ALGO DE TU PARTE, PON ALGO DE TU PARTE, VENGA, AYUDA. Sacó la camisa de Txomín fuera del pantalón, y sus dedos fueron submarinos por oscuras selvas de sargazos hasta desenredarlos y emancipar de sus ásperos rizos una isleta suavísima y cercarla e ir tenazmente, despaciosamente, rodeándola, consiguiendo que la dulzura del pétalo se convirtiera en la rigidez del sílex.

Lola se relajó y su cuerpo se distendió como la arena, cruzó las piernas por encima de los riñones de Txomín atrayéndolo a la cálida rada de sus ingles. La sedosa hojarasca de la falda se arremolinó en su cintura y la apretada bragueta del pantalón de él arremetió contra el oscuro triángulo que se insinuaba debajo del arabesco de blonda. Y Lola quiso alzarse de los pantanos del temor y buscó las lianas que la arrastrasen a los ámbitos del deseo. Un látigo familiar le recorrió la espalda, rítmicas punzadas señalaron la fresa que, en su encierro ensortijado, pugnaba por estallar sus jugos y dos firmes arietes se le sublevaron contra las frágiles conchas del sujetador. AY, MENOS MAL, PARECE QUE ESTO MARCHA. Y esa sensación creció gradualmente con la terquedad de la hiedra, revistiéndola con sus sensitivas escamas.

Los dedos de Txomín, pilotando la bandada trémula de sus acuciantes caricias, retozaron por la lencería, bordearon sus confines y se adueñaron del cierre que, sin violencia, se entregó destrabándose a su contacto. Escaparon los pechos de su enredadera y temblaron como antenas vigilantes disputándose la nerviosa lengua de Txomín y el almíbar lento de su boca. Sin embargo, dos cóncavas llamas se ciñeron a las densas esferas antes de que los labios, introducidos entre el ángulo de dos dedos, sorprendieran la ciruela del pezón e iniciaran su labor chupadora. Lola dobló la cabeza buscando la oreja de Txomín y la mordisqueó y la contorneó y al final se precipitó en el estrecho embudo con la voracidad de una abeja en el profundo cáliz de una campanilla. ESO. ASI, ASI. TE ESTAS PORTANDO. El colchón vibraba electrizado por la tormenta desencadenada sobre sus muelles, y el jadeo afanoso y el ronroneante gemido estrellaron sus relámpagos en los tabiques de la habitación.

La mano de Lola serpeó hasta deslizarse entre su pubis empapado y la apremiante instigación de Txomín. Tanteó en la pestaña. Era de botones. Maniobró en la pretina, y la desabrochó. Notó cómo su sexo se entreabría inundado, cómo sus ingles se diluían y su pelvis se adelantó sin dar tregua. Aun así, su mano, apretada entre la ferocidad de dos vientres, pudo soltar otro botón. Y otro. Y otro...

Ya podía atisbar en la ranura. Salir al encuentro del encapuchado que la acosaba y desenmascararlo. Sus dedos treparon hasta el tensado borde del *slip*. Pero, en ese instante, la mano de Txomín le atenazó la muñeca. Fue un zarpazo que destrozara un pájaro en mitad de su vuelo. LOLA, NO ME HAGAS HACER ALGO DE LO QUE TENGAMOS QUE ARREPENTIRNOS. YO QUIERO MUCHO A MARIBEL, ETCETERA, ETCETERA.

A duras penas penetraron en su conciencia las razones de Txomín. TODOS LOS CASADOS SON IGUALES. Lola estaba harta de que quisieran meterse en su cama con el argumento. NO HAY NADA YA ENTRE MI MUJER Y YO, o que dieran marcha atrás porque NO PUEDO HACERLE ESTO A MI MUJER. Cuando se está muy salido se utiliza el primer modelo y cuando se está asustado, el segundo. Ambas cosas son mentira. Pero Lola decidió que ya estaba bien de servir de terapia o de que le dieran puerta con el conjuro de MI MUJER, LA POBRE.

Se pasó el festival maquinando la manera de vengarse. Y esa noche era la clausura. TXOMIN, LA QUE TE ESPERA.

Se ajustó un breve tanga de resplandeciente lycra. Los elásticos le cruzaban la pelvis, subían en uve hasta la cintura y constató que sus treinta y cinco años la trataban bien. Con lo cual reverdeció su furia. POR QUE, TXOMIN, POR QUE ME APARTASTE DE TI COMO SI HUBIESES SORPRENDIDO EN MI MANO UNA TARANTULA. TE ALZASTE DE MI COMO SI HUBIESES ESTADO A PUNTO DE PISAR UN ALACRAN. Rodó la bola opaca del desodorante por sus rasuradas axilas. Más animada se cepilló los dientes y se enjuagó la boca con Licor del Polo. Se enfundó un ajustadísimo minivestido, se recogió graciosamente el pelo con un pasador de metacrilato y, con el auricular apoyado entre el hombro y la mejilla, ajustó las hebillas de sus sandalias con una mano, mientras que, con la otra, marcó el número de la habitación de Txomín. OYE, QUE BAJO EN CINCO MINUTOS.

Sólo rímel en las pestañas y brillo en los labios. Unas gotas de perfume detrás de las orejas. A VER, QUE TAL. Tomó del cenicero de cristal sus aros de bisutería, el cipol de prensa, el llavero y, agarrando el bolso, desembocó en la moqueta verde del pasillo como quien salta a la cancha.

En los jardines del hotel se había organizado una fiesta como colofón a los actos de la semana. Medio mundo se dio cita para pasear sus copas alrededor de la piscina haciendo reverencias a los flashes. Es sabido que en torno a un festival de cine pululan cortejos de estarletes ansiosas, y Lola contaba con ello. También con que, cuando hay un evento semejante, se forma tal jaleo en los hoteles que, fácilmente, se puede obtener del recepcionista la llave de quien sea.

Así que, con estas premisas tan alentadoras, Lola cogió de una bandeja circulante un cóctel de champán y se perdió entre la multitud. TE VAS A ACORDAR, TXOMIN. Localizó a una chica mona, desgarbada y vulgarísima, pero de vistosas proporciones, que se esforzaba en ocultar su desorientación arrancando hojas de un seto y riendo alobada. Lola se pinzó el cipol en el escote del vestido y se lanzó empicada como el gavilán sobre la paloma. LOLA, DE LA REVISTA *PA-*

SARELA, dijo la bruja señalando la manzana de su credencial. «YO, MERRY», respondió Blancanieves mordiendo el anzuelo.

A los pocos minutos, Merry estaba en la habitación de Txomín, aligerada considerablemente de ropa y encima de una cama revuelta con elocuencia. Lola eligió una de las cámaras de Txomín, cargada con un carrete ya empezado, y estudió el encuadre de ciertos detalles con sabio detenimiento. Cuando las fotografías fuesen reveladas, a Txomín no le cabría duda de que, una noche sin identificar, él estuvo muy borracho. Antes de disparar, Lola reparó en el pijama de Txomín, de un estampado irrepetible, e hizo que Merry se pusiese la chaqueta, completamente desabrochada, eso sí, para que la visión de sus encantos no sufrieran ningún hurto. La reclinó negligentemente, con las rodillas separadas, los muslos enmarcando el avance de una mano con el puño del pijama firmemente ceñido a la muñeca. Lola se agachó para enfocar el sonrosado molusco que sobresalía del vértice ensalivado de los dedos de Merry y el relámpago del flash borró la habitación.

Mientras Merry se recomponía en el cuarto de baño, Lola se afanó en ocultar las huellas de los delitos. Pero, al dar con la bolsa de viaje, consideró que el triángulo que llevaba, tanto por su color y por su exigüedad, podía tener garantizado su camuflaje entre los calcetines sucios hasta el instante decisivo en que la querida Maribel hiciese la colada. Naufragó el tanga, pues, en las oscuras entrañas de la fibra de nailon y Lola reapareció en el césped, sonrisa en ristre y champán en mano.

Para redondear sus crímenes y su castigo, a Lola le convenía que Txomín llegase a su habitación muy tarde y muy fatigado. Con ayuda de Carlos y de Ramón lo rescató de la muchedumbre y lo convencieron para que los llevara al centro de la ciudad a recorrer el circuito de los bares. Acabaron en uno de «ambiente», de maricas, vamos. Carlos y Ramón estaban en su salsa, pero Lola, una vez acabada su bebida, se moría de aburrimiento. VALE, PUES COGEIS UN TAXI, PERO YO ME VOY A OTRO SITIO. ¿DONDE ESTA TXOMIN?

Un maligno presentimiento la empujó al cuarto oscuro y, prendiendo de vez en cuando el encendedor, lo llamó repetidas veces en voz baja. TXOMIN, TXOMIN. En la penumbra se había desencadenado el vendaval de la pasión, y en él zozobraban los agitados murmullos, las entrecortadas solicitaciones del deseo. Desde alguna esquina, el intermitente carmín de un cigarrillo insistía en su reclamo y, a veces, el blando contacto de una larva rozaba los brazos desnudos de Lola, cuando ella intentaba abrirse paso palpando con mano atónita y procaz. Ella esperaba encontrar cualquier cosa pero, a pesar de todo, se quedó clavada. Porque estaba allí.

Tenía los pantalones bajados, arrugados alrededor de sus tobillos y la camisa alzada cubriéndole la cabeza. LOS CASADOS SON LOS PEORES. Apoyaba las manos en sus rodillas separadas y adelantaba el culo empinado aproximándolo a una verga henchida, de tales proporciones que, cuando se le hincó entre las nalgas, pareció que lo fuera a taladrar de parte a parte. El rostro de Txomín se contrajo con una mueca en la que había algo más que dolor. Volvió a chasquear el encendedor revelando unas fuertes manos, decididamente oscuras sobre sus flancos lechosos, acoplándolos al ritmo de las salvajes embestidas, y unos repletos testículos, redondos como manzanas, golpeándole los muslos en el ir y venir de los espasmódicos envites. El rostro de Txomín tenía una expresión de extravío rayana en el éxtasis. TXOMIN, TE PARECERA BONITO, ENSARTADO COMO UNA PERRA.

Lola avanzó indignada, pero de nuevo le falló el encendedor y vino a tropezar con él. Sintió sus manos crispadas aferrándosele a las caderas. TXOMIN, SUELTAME AHORA MISMO. La cabeza de Txomín se internó por el túnel brevísimo del vestido. Su lengua se abrió paso por la fronda del pubis hasta encontrar el surco y penetrar en él. La agitó dentro de la vulva satinada, la enrolló en el botón arrogante y fue un vibrátil insecto libando golosamente en la carnosa vaina de una flor. Lola intentó recobrar el equilibrio y, espontáneamente, se agarró a los hombros que, frente a ella, se bamboleaban. Eran unos hombros lisos, como el revés de una cáscara de fruta, y firmes como atirantados por jarcias. Sacudida por los envites, la mejilla de Lola se proyectó hacia el tibio algodón de una camiseta y su cabeza se encajó entre un viril cuello y una compacta barbilla de obsidiana. CORRETE, CORRETE, oyó decir por encima de ella, más allá de las oleadas que la mecían.

Txomín exploró en la grupa de Lola hasta profundizar en la hendidura que la dividía. Deslizó sus dedos, los puso en camino para ser atraídos, aspirados, engullidos por las cuevas resbaladizas y anhelantes. Dejó el pulgar y el índice removiéndose en sus estuches, tratando de juntarse, de atravesar el delgado pellizco de seda que los separaba y, con la otra mano, reptó hasta los pezones que apuntaban sus troqueles bajo el vestido.

CORRETE, CORRETE, seguía implorando la boca balbuceante incapaz de contener, por más tiempo, el relámpago final. Y el placer desenroscó suave su serpiente y la hizo descender con lentitud por el camino encerado de las ingles, y Lola quiso tomar a Txomín por la nuca y oprimir contra su clítoris el músculo preciso de la lengua que le había abierto tan indisciplinado manantial. Lo deseaba, sí, y sin embargo, al advertir la ansiedad de él, recordó. Se arrancó de la enfebrecida caricia, de la boca enloquecedora, se enderezó, se bajó el vestido y abandonó el «cuarto oscuro» con la cabeza muy alta. MAL-

DITO MARICON, ¿A QUE AHORA NO TE ACUERDAS DE TU QUERIDA MARIBEL?

Una vez fuera, se abalanzó hacia la salida del local, pero la abigarrada cetrería del sábado noche entorpeció su propósito arrastrándola al último rincón de la barra. Y allí, agazapado detrás de una columna, Txomín, Txomín en persona, apuraba su güisqui con aire de consternación. Los ojos de Lola se agrandaron desmesuradamente: PERO ¿ES QUE HAS ESTADO AQUI TODO EL TIEMPO? Txomín, nada más verla, se deslizó del taburete con tanta rapidez que casi lo tumba. LOLA, POR DIOS, VAMONOS DE ESTE SITIO HORRIBLE. De un manotón, Lola apartó la apremiante mano de Txomín sobre su brazo y, dándole la espalda, se internó de nuevo en el «cuarto oscuro» intentando encender, desesperadamente, el mechero.

La vengadora

Si el marido de una jamás ha sido un supermán se comprende que, pasados los cuarenta, tenga serias dificultades para ejercer lo más comprometedor de su oficio, puesto que la pieza clave –aun en su juventud inapetente e inanimada– no debe aguantar mucho estira y afloja. Así que no queda otro remedio que admitir que está más que imposibilitado para sus funciones, declararlo insolvente y exigir de él otro tipo de regalos. Porque aquello se acabó.

Todos tus ajetreos con el aerobic, las palizas de los masajes, los sofocos de las saunas, las tiriteras de las vendas heladas y las hambrunas de las dietas; todos los dinerales en embriagadores perfumes, camisones excitantes y lencería *sexy*; todas esas afrodisíacas ensaladas de apio, las ramitas de canela y los mil y un trucos aconsejados en las revistas femeninas, a fin de vislumbrar en la bragueta del contrario un atisbo de colaboración, no valen para nada. Así que mejor convencerse y terminar con todas las humillaciones a la que una se expone y se somete con la buena intención de ayudar y con la cruel ilusión de un «tal vez». Porque ya no hay «tal vez». Cuando un hombre cierra el grifo, cierra el grifo, y una tiene que arreglárselas como pueda. Emergencia que no depende de la moral de su religión ni de los principios de su educación, sino de la naturaleza de su desesperación. O de su desengaño.

Porque, después del mucho trabajo, los grandes disgustos y el escaso provecho obtenido de los placeres carnales, se puede llegar a la convicción de que, en lo referente a la carne, sólo se encuentra verdadera dulzura en la de membrillo. De ahí que se considere más satisfactorio degustar calorías que sufrir sinsabores y no admita otros riesgos en el disfrute que el del colesterol. Claro que, a veces, aquello que una contaba ya entre los muertos únicamente padece una particular catalepsia cuyo ataque, que suele sobrevenir entre los muros legítimos, desaparece de forma instantánea en cuanto el paciente en cuestión coge el portante y vuelve a la esquina. Lo malo es que, más tarde o más temprano, al final lo sabes. Y es duro enterarte, después de hecha a la idea de lo del entierro de la sardina, de que el cadáver es un zombi que le llega a una rendido de tanto entrar y salir en sembrados ajenos, y que lo que para una se muestra arrugado como una cotufa e inerte como un fósil es un caracol elástico que alarga sus lúbricas antenas y agranda su buche por ahí repleto de estimulantes expectativas.

Al principio una se maldice, no por la ocurrencia de registrarle en los bolsillos o de escuchar por el otro teléfono en sí, sino porque ello ha desembocado en la confirmación de las sospechas. Mientras se duda aún existe la posibilidad de equivocarse, y la certeza es atravesar las puertas del infierno. Después lo maldice. Y lo mataría de tenerlo a mano.

Se suceden, a continuación, todas las estratagemas del despecho, con el premeditado propósito de hurgar bien en la herida, y la memoria exhuma sus pliegos de agravios, de deudas impagadas y años irrecuperables. Ojalá que esto sirviera para aborrecerlo. Para amputarlo del tiempo que te queda por vivir. Pero si, impulsada por un desapasionado espíritu de equidad, quieres oponer a los débitos tus haberes, hay que tener cuidado. No hay que fiarse de poder dar satisfacción a la vanidad, pues la sinceridad suele ser una trampa aniquiladora del amor propio y puede dejártelo inservible para los restos.

Y, si no, no hay más que ponerse delante del espejo y ennumerar los dones que él desdeña para reconocer con estupor que ni la leche descremada ni las cremas ni los *body-milk* han logrado fijar en tu piel los veinte años, ni afianzar los vínculos de tu matrimonio, ni garantizar una alegría a tu cuerpo para el porvenir, ni nada parecido y que has pasado más tiempo intentando retener tu juventud que gozando de ella. Entonces es cuando la sensación de «mujer-traicionada» pierde puntos en comparación con la de «mujer-estafada» y esto, combinado con la inquietante revelación de que a una no le queda ya qué perder, da origen a más de una cosa. En este punto estaba ella.

Y en ese momento el llavín de él removió en la cerradura.

–Hola, ¿dónde estás, cariño?

–Hola. Salgo en seguida.

Qué rabia. Podía haber sucedido todo una hora antes y haberle dado tiempo a desangrarse en la bañera. En fin. Contuvo la respiración y después la fue soltando suavemente. Tiró de la cadena y levantó la tapa para dejarla caer haciendo ruido. Abrió después los grifos, se enjuagó los ojos, y abrió, heroicamente, la puerta del cuarto de baño.

–Han traído las diapositivas, están en tu mesa –comentó con una presencia de ánimo envidiable.

–Ah, sí, ¿qué tal? ¿Las has visto? –preguntó el muy cínico, el muy hipócrita, el muy hijo de puta, el muy cabrón, el muy cerdo.

Ella continuó con su letanía mental de insultos, mientras él iba a buscarlas, esforzándose por no caer en la tentación de seguirle, de acorralarlo con su presencia, de comprometerlo a que las vieran juntos. Apoyó una pierna en el bidé, la enjabonó y, aunque eran las tres de la tarde, se dedicó a afeitársela.

El le hablaba a gritos contándole cosas

que ella no atendía y, de pronto, se interrumpió bruscamente. Al cabo de unos segundos intentó reanudar el discurso mediante balbuceos atropellados y frases inconexas. Y la cuchilla abrió un delgado surco que rebosó de púrpura inmediatamente.

Después de comer, ella le llevó el café a su leonera.

—¿Dónde están? Déjame verlas, cariño.

Las miró, una tras otra, por el visor orientado a la luz del flexo. Y, como se temía, no estaban todas. Esa era la prueba, si es que aún pudiera haber alguna duda, de que lo evidente era también lo cierto. Faltaban diez. Mejor dicho, nueve. La otra estaba en su bolsillo. ¿Qué pasaría si se inclinaba, como si se la encontrara en el suelo, y dijera: «Qué poco cuidado tienes, por poco la pisas»? Pero no se atrevió.

En vez de eso, colocó las tazas vacías en la bandeja y se marchó a la cocina después de asegurarle que le había quedado un «reportaje» precioso. Puso en ello toda la buena intención de su mala leche. Porque en ese carrete no había ninguna foto profesional. Mira cómo, si no, había escamoteado un particular puñado de ellas. A partir de entonces, cuando se quedaba a solas, sacaba la diapositiva y la contemplaba obsesivamente, como un policía se aprende los rasgos de su perseguido, como un cazador estudia los rastros de su captura. Y su imaginación se convirtió en un cuaderno emborronado de delirantes conclusiones: nombres posibles, edad probable y varias biografías. Del proyector surgía, neto y rotundo, el desnudo de una chica desparramado sobre la chaqueta de cierto pijama. De sobra conocía ese estampado. Como que lo eligió ella para regalárselo al baboso de su marido por San Valentín. La chica ladeaba la cabeza sobre un hombro, y parte de la mejilla quedaba casi oculta por el pelo que resbalaba sobre ella. Lo que no impedía averiguar que su boca entreabierta era jugosa, sus labios abultados y que la lengua asomaba su punta solicitante como un dardo apuntando a los erguidos pezones de frambuesas. Sus manos, de dedos infantiles y uñas de nácar rosa, eran dos cuencos encantadores que amoldaban, juntaban y ofrecían, a la lejana boca, dos toronjas henchidas, desbordadas, circunscritas en los pálidos triángulos de la señal del mínimo bañador.

–No. No es una modelo. Ni siquiera es puta. Con esas marcas del biquini...

Y además no posaba: obedecía.

Luego estaba la cintura, que se afinaba como el cuello de un ánfora sobre las redondas caderas. Y el vientre horadado por el diminuto pozo del ombligo sobre su tierna loma. Y una rizada maraña cobriza entre dos muslos separados indiscretamente. Una pierna estaba extendida. La otra, en ángulo, se apoyaba en la rodilla contraria exhibiendo la oquedad mate de la ingle y permitiendo que los carnosos bordes de su vulva despegaran los labios que surgiera la madura excrecencia del coral que habitaba en el húmedo recinto.

Iba hacia la pantalla y en su blusa, en su falda, se despedazaba la imagen como en un charco. Sobre sus ropas flotaban los flecos de la melena, la guinda del pezón, la grieta lustrosa del encrespado pubis, las almendras de las uñas y el cáliz del ombligo buscando cohesionarse y coincidir con ella. Y ella se desvestía. Se bañaba en la luz como en un manantial mágico, capaz de hacer retoñar en su carne los reflejos con que la iluminaba.

Averiguó cosas. Por la sucesión de las demás fotografías estableció la fecha aproximada. También el lugar: su marido siempre le traía las cajitas de cerillas de los hoteles. Pero todo lo demás era un enigma insoportable. Querría saber, por ejemplo, el «cómo». Y el «desde cuándo». Sobre todo el «desde cuándo». Había habido demasiadas noches en su matrimonio mordiendo la almohada. Mucho cuentagotas como para que la situación presente no significase el punto cero de una prolongada cuenta atrás.

–Estás en las nubes. No pones ninguna atención a lo que te estoy diciendo.

–Lo siento, cariño, estaba distraída. Dime, por favor. –(Dime, por favor, quién es, cuál es su nombre, cuándo entró en tu vida, qué hizo para atraerte, por qué te gusta, cómo es, dónde está ahora, dime, dónde está)–. Dime, no seas tonto, no te enfades, anda.

–Para qué. Seguro que no te interesa. Seguro que no es tan importante como lo que estás pensando.

Desde luego. Estaba pensando, indagando a la vista del jersey esponjoso de su marido, de los picos gemelos del cuello de la camisa, si las puntas de sus dedos aún eran capaces de recordar cómo serpenteaban debajo de la apretada ondulación de la liguilla, llegaban a la botonadura que, con lentitud y pericia, iban desabrochando, hasta poder introducirse y tocar piel. Cómo, entonces, las trémulas mariposas del deseo le alborotaban la sangre con el vendaval que sus élitros agitaban. Cómo todo lo que estorbase el galope desbocado de sus manos era arrebatado, lanzado al otro lado de la habitación. Cómo el olor masculino de su torso esparcía su reclamo, envolviéndola con las volutas de sus lianas. Y cómo se precipitaba su boca, rastreando el pecho viril tapizado de líquenes mullidos... cómo se le inundaba la saliva del sabor que se erguía saliéndole al encuentro... (la hebilla... en qué momento había soltado, del bocado de su largo colmillo, la lengüeta... en qué momento la cremallera descorrió su zigzag donde, aparecía, pulida como un guijarro mojado, prieta como el interior de una granada, y estallante como una cúpula de cristal magenta a pleno sol, la redoma desbordante de aquello que saciaría todos los anhelos de, digamos, lo más íntimo de su ser)... y cómo su lengua lamía, ávida, el imparable manantial del glande que le anegaba la boca.

(¿Había sido así alguna vez, o cómo? ¿Acaso era posible revivirlo, volver a florecerlo en mis poros, en mi aliento, en los vaivenes de mi vientre, en los calambres de mis muslos, en las desesperadas punzadas de las noches de rabia y masturbación?) Tantos años fracasando como reanimadora la convencieron de que la insurrección de su propia carne jamás instigaría la resurrección de la carne de los demás. Pero esa diapositiva demostraba que alguien en cuestión, tenido por inválido en lo concerniente al núcleo de la entrepierna, no se había resistido a la sugestiva invitación de levantarse y ponerse en el buen camino, aunque ignoraba si ayudado de sabe Dios qué muletas.

Sentía una morbosa y pertinaz curiosidad por la joven remediadora. Y envidia. Pero, sobre todo, sentía envidia de él. Porque, mientras él se divertía con niñatas que podían, holgadamente, ser hijas suyas, ella únicamente tendría oportunidad de competir en el comercio en calidad de saldo, dijeran lo que dijesen sobre la igualdad.

—Hoy es miércoles, ¿no?

—No. Es jueves, veintitrés.

—¿Veintitrés, ya? Hay que ver cómo pasa el tiempo. Este mes se me ha pasado volando.

—A mí también. —(Desde hace una semana justa noto cómo me devalúo cada día. Me habían enseñado que cuanto más se resiste una, más codiciada es. Que cuanto menos se otorga, más se acrecienta el valor de lo que se accede a consentir. Y así aprendí a ofenderme cuando me apremiaban, a rehusar cuando me lo pedían, a regatear lo que deseaba conceder y a combatir en defensa de lo que yo estaba dispuesta a rendir sin condiciones. Todo el tiempo empeñada en aquilatar mi precio para recompensar la conquista de un imbécil, en la creencia de que yo, como trofeo, tenía la exclusiva, y dando de lado a quienes hubieran estado felicísimos de hacerme un favor agradable, efímero y sin complicaciones. Esto es absurdo. Lo malo es que, además, es irreversible.)

La envidia iba incubando un enconado y vengativo rencor bajo una apacible máscara abstraída, y los días no hacían sino acercar el momento de la eclosión de todo el aborrecimiento acumulado. Y era sábado ya.

–Pero, ¿es que no te has enterado todavía? Salgo ahora mismo. Salgo para Berlín.

–Entonces, ¿te llevas el coche?

–¿Cómo que si me llevo el coche? ¿Hasta Berlín? De verdad que me da la impresión de que hablo con la pared.

–Quería decir que si te ibas en coche al aeropuerto. No sería la primera vez que lo dejas allí.

–No. Pillaré un taxi.

Sin mirarlo, percibía sus movimientos, cómo él iba doblando las prendas que sacaba de la cómoda y las guardaba en la bolsa de viaje. Las manos se le quedaron húmedas y frías y la aguja se le resbalaba.

(Le estoy asegurando los botones al pijama que le regalé. Estoy poniendo a punto su ajuar para que nadie se quede con un botón en la mano cuando intente averiguar el aspecto de lo que pondrá a prueba. Gracias a mí, esta bragueta se abrirá limpiamente para facilitarle a alguien el uso de los privilegios de su poca edad.) Se levantó impaciente y arrojó la prenda lejos de sí, con manifiesta aversión.

—Mira, sabes lo que te digo, que no te llevas este pijama.

—Pero ¿por qué?

—Pues porque no. Porque prefiero cosértelo tranquila, sin estas prisas, que me está saliendo un churro. Es que mira, ¿ves?, me están sudando las manos...

—Y ¿por qué? ¿Qué tienes? No será la menopausia.

(Así se te desmorone. Así se te caiga a rodajas como un octavo de salchichón. Así te parta un rayo.)

—A lo mejor. Anda, ten éste, cariño.

Cerró la cremallera de la bolsa y ella lo acompañó hasta la puerta y le ayudó a meter en el ascensor todo el aparato de su equipo de reportero. El la besó brevemente, para no malgastar ni un átomo de lo que esperaba emplear a fondo y con ventaja. Y se marchó silbando pletórico de dinamismo. Estaba en plena forma. Las casi dos semanas que pasó con ella las aprovechó para reponerse y aprovisionarse de energías. Ni fumó, ni bebió, ni trasnochó, ni se propasó en nada, ni se expuso al riesgo de que su mujer procurara de él hazaña alguna.

Como un cartujo, vamos. Pero se hartó a vitaminas.

Ella se asomó a la ventana para decirle adiós, y no apartó la vista de él hasta que consiguió meterse en un taxi. Rápidamente se quitó las zapatillas, se puso el abrigo, metió sus cosas en el bolso, cogió las llaves del coche y salió del piso.

Era de noche cuando llegó al hotel cuya dirección estaba en la caja de cerillas. Pidió que le subieran algo de comer a la habitación. Estaba muy cansada. No estaba acostumbrada a conducir tanto tiempo de un tirón y le apetecía ducharse y ponerse cómoda. Le subieron frutas y galletas, y ella descorchó un *benjamín* del minibar.

Frente a sí, dos camas de matrimonio adosadas con la colcha verde almendra de la diapositiva. Y el mismo aplique dorado. (De modo que fue en una habitación como ésta. De modo que fue aquí.) Y las lámparas parecieron romperse en bengalas y sus resplandores confundían los contornos de las cosas. Todo se estremeció aprisionado en las lágrimas que, suavemente, se abultaban llenándole los ojos. (Qué es eso de llorar.

Oh, vamos... lo que me faltaba: que el champán me ponga tierna.) No obstante, descorchó otro *benjamín* y encendió un cigarrillo.

Junto a la ventana, una mesa con patas de lira ejercía de escritorio. Buscó en la carpeta, entre folletos turísticos y horarios de trenes, papel timbrado. Y, procurando hacer la letra amplia y legible, escribió la fecha y encabezó una carta:

«Desde esta habitación, donde te portaste tan bien, te envío un beso muy largo para que a mi lengua le dé tiempo a explorar todos los rincones de tu boca.

»Y no te apures, *baby.* Estuviste magnífico, en serio. Fuiste como una ola: llegaste a donde pudiste y cuando pudiste llegar. Así son las cosas y hay que tomarlas como son. Sólo siento no haber tenido ocasión de lucirme a conciencia, no haberte hecho una verdadera demostración de lo bien que puedo desenvolverme. Tú hiciste toda la faena. O casi toda, no digas que no, no seas modesto, pero los demás también querríamos presumir de habilidades. Pero puedo ponerte un ejemplo de ellas, *baby,* me siento inspirada.

»Verás: te imagino aquí, conmigo, tendido a mi lado y deseo con todas mis fuerzas emplearme a gusto en disfrutar de ti. Y por eso voy a quitarte el pijama, suave, muy suave, preparándote, *baby*. Te acaricio: los costados primero, mientras mi boca bebe de tu boca y mis muslos atenazan los tuyos. Van subiendo mis dedos hasta tus hombros, van desabrochando la chaqueta... Y desciende mi boca marcando por tu pecho su sendero de saliva. También se mojan tus piernas entre mis muslos... ¿no lo notas? Di.»

Sus ingles estaban empapadas, latiendo con ímpetu de irreprimible ansiedad. Llevó su mano hasta donde brotaba su deseo. (Deja que piense que eres tú quien tan delicadamente me separa, se introduce, me alisa y hace resaltar esta orgullosa cereza que ojalá mordieras alguna vez. Ojalá naufragaras en esta fuente mía... Ojalá...)

«Voy bajando, continúo bajando por tu vientre. Traspaso el elástico del pantalón. Sí. Por aquí debe de estar. Mis pechos aprisionan esa cosita tuya tan linda, para hacerla crecer, y agrandar, y alcanzar la succión ávida de mi beso. Abandónate, no tengas miedo, estoy aquí, vamos, ánimo, arriba... Oh, mira, qué obediente es, mira cómo se ha puesto de tiesecita, mira cómo se ha puesto de grande, que no me cabe en la boca... Bueno, parece que está lista, que no se va a echar atrás. ¿Verdad que no? ¿Verdad que ya no le da vergüenza? ¿Verdad que no se va a esconder... sino donde yo le diga? Vale, pues hasta luego. Espera un momento, que quiero lamerte esa gotita que tienes en la punta. Ya. Voy a apartarme, pero descuida. Mi mano se ocupará de que siga engrasada y en buen funcionamiento. Y ahora bésame y averigua tu sabor en mi boca, mientras voy deslizándome por tu vientre hasta encajarme en ti, hasta sentarme sobre ti y cabalgarte, y sacudir ante ti el bamboleo de mis tetas que tú querrás chupar, y conducir tus dedos a la apretura de mi pubis contra el tuyo, para empujarlos a la ranura de mi erizo irritado, hasta el interior de sus labios resbaladizos y obligarte a que me lo frotes a la misma velocidad de mis vaivenes... Venga... venga... Así... hasta que, entre aullidos, te suplique que te pares y acabes, que acabes de una vez, porque ya no puedo resistirlo, *baby*.»

(Porque ya no puedo resistirlo... no... no... lo... puedo... no... pue... do... re... sistiiir... No... no... pue... do... no pueeedo... no... no... noo... noooo...) Se echó hacia delante, sobre la mesa, intentando amainar sus últimos jadeos. Cuando se tranquilizó, hizo pasar la yema del dedo corazón, chorreante todavía, por los bordes de la carta, como si se tratase del tapón de un frasco de perfume. Firmó con un beso de carmín y aún añadió una posdata:

«Practica esto con tu mujer. Es mejor ensayar con alguien que no espera de ti grandes prodigios, para no correr el peligro de quedarse cortos en otras circustancias más comprometidas. Chao, *baby*. Por cierto, ¿cómo salieron las fotos?»

Cerró la carta, se abrochó la chaqueta del pijama, de un estampado que ella conocía bien, y se acostó. No recuerda cuándo apagó la luz. Estaba rendida.

La presa

Hubo un tiempo en que Txomín, considerando su vida como referencia, no tenía más remedio que juzgar, si no falsas, al menos exageradas, todas las confidencias masculinas de la hora del vermú. Pero ahora, después de casi tres meses de acoso postal, la existencia de las ciegas pasiones se había convertido para él en una evidencia irrebatible. Sólo que, a pesar de haber ingresado en el bando de los cuarentones perseguidos, tuvo buen cuidado de no cambiar su conducta consciente de que, aunque se le aceptara cualquier muestra de solidaridad, de ningún modo se le permitiría el más mínimo intento de competencia. Siguió oyendo a los demás quejarse o jactarse y cualquier comentario sobre su propia experiencia lo silenció herméticamente. Y además, qué iba a contar y cómo. Y quién le iba a creer si ni él mismo daba crédito.

Todo empezó una vez, a la vuelta de un viaje, y gracias a que el equipaje lo deshizo él mismo, pudo conjurar la catástrofe, al menos de momento. Porque, al separar la ropa para meterla en la lavadora, se topó con la presencia misteriosa y comprometedora de un tanga entre sus calcetines. Claro que pensó que era una broma pero, por si acaso, lo enterró en el cubo de la basura y trató de olvidarse. No era una broma.

Tampoco pudo olvidar tan fácilmente. A los pocos días, cuando recibió las diapositivas, se encontró con que alguien, presumiblemente la dueña de la prenda delatora, había invadido el rollo. Se suponía que las fotos las había disparado él. Se suponía que estaban hechas en el hotel, en su habitación. Se suponía... pero, por más que cavilase, no recordaba nada.

Quién era esa chica que él, hacia el final del carrete, había fotografiado. De dónde la sacó. Qué le había dicho. Cómo la habría convencido para que se dejara retratar así.

Su mujer había estado mirando las diapositivas por el visor:

—Son fantásticas. Hay algunas realmente fantásticas. ¿Te han salido todas?

Y él, sin saber qué contestarle, porque si le decía que sí y a ella le daba por contarlas... y si le decía que faltaban tantas como las que había escondido debajo de la alfombra, por fuerza tenía que escamarse. Optó por fijar la vista en la gasa tornasolada que se desdoblaba sobre su café y preguntar si le había puesto ya el azúcar o a saber qué majadería. Aún no las había mirado con atención, no tuvo tiempo. Tan sólo vislumbró la chaqueta horrible de su pijama, abierta de arriba abajo sobre una chica, abierta de arriba abajo ella también. Lo suficiente para quitarlas de la circulación como medida preventiva.

En cuanto tuvo lugar y las proyectó en la pantalla... ¡Dios mío! Las quemó, claro. Pero la intriga no se le iba de la cabeza. Ni el cuerpo de la chica.

Se esforzaba por recordar, pero solamente imaginaba. Se escuchaba dándole instrucciones y la veía obedecer, perezosa pero exacta, por el recuadro del objetivo. Le decía primero que se relajase, que se desordenase un poco el vestido, con descuido, como por casualidad. Que cruzara las piernas. O mejor, que las doblase a un lado. O mejor, que se sentase sobre ellas. Y, a cada movimiento, relampaguearía el triángulo negro entre sus muslos, como un túnel al final de un desfiladero que se ve tan compacto, tan imposible de horadar... Después, que se desabrochase, un poquito, el vestido. Eso. Bueno... quizás un botón más, quizás hasta conseguir resbalar el tirante... y hacer sobresalir un hombro, quizás hasta que el escote baje y descubra casi la mitad de esos dos pomelos, y pararlo al borde mismo del pezón. Cualquier ademán de los brazos, cualquier inclinación del torso puede hacer peligrar el precario equilibrio del ribete y que se adelanten, atraviesen y asomen los capullos rosados. Pero después... después, ¿cómo? ¿Cuál es el paso siguiente, a qué tretas hay que recurrir para que el vestido caiga, se desprenda como una piel inútil? ¿Qué hay que hacer para que el sello que custodia el pubis rompa su precinto y muestre el carnoso y enredado brocal a la atenta pupila de la cámara?

Decirle: «Desnúdate. Desnúdate y déjame que te vea. Enséñame cómo eres, de qué están hechos tus lugares secretos. De cuánta miel. De cuánto jugo de fresa. De cuántos sobresaltos de cigarras. De cuánta arena dócil. De cuántas ascuas lívidas. De cuántas astillas de nieve».

Decirle: «Vuélvete. Vuélvete, pero mírame. Arrodíllate, pero mírame. Y, ahora, inclínate, échate hacia delante, apoya la mejilla en la almohada, pero mírame. Dobla el brazo. Sí: el derecho. Que el hueco de tu mano coincida con el pecho que se comba. Alza el índice hasta que alcance el pezón empinado. Que lo roce apenas. Mójalo. Eso es: chúpalo antes».

Decirle: «Separa las piernas, sepáralas y hazme ver cómo avanza tu mano izquierda, cómo desaparece, cómo se hunde un dedo... y otro dedo... y... sí, así: otro dedo. Por favor, sí, otro dedo. Pero mírame. Te he dicho que no dejes de mirarme».

De verdad, ¿acaso fue capaz, alguna vez, de dirigir semejante sesión? Y, sin embargo, contra toda la desazón de la duda, se materializaba la prueba concluyente. Dejó de pensar en la chica y dónde y cómo la había conocido, para recrear su cuerpo y fingir espiarlo con el inmutable cíclope de su cámara fotográfica. Fijar en la película su boca solicitante de lengua libadora y recorrer las brillantes rutas de la saliva: circular y delgada como un velo transparente en torno al suave talco de la aréola. Espeso almíbar, y en seguro trazo, por el estrecho sendero de entre las nalgas. Abundante, como una cascada de azogue, hasta hacer estallar la llamarada de un hibisco palpitante y hambriento.

Dejó de pensar en la chica para preguntarse si, en sus dedos, habría el atrevimiento suficiente como para conducirlos por los caminos que los ojos soñaban desbrozar. Entonces, llegado ese punto, en las cercanías de su bragueta, acontecían apreciables desplazamientos originando diferencias de nivel en el lado izquierdo de la pestaña de la cremallera con respecto al otro.

Al principio fue eso: una inofensiva fantasía, quizás un retorno al antiguo recurso de la adolescencia. Pero bien. Hasta que llegó la primera carta. Según la cual, Txomín no sólo la había fotografiado, sino que... le había dado sus señas y el supremo argumento para que lo asediara y lo perdiera y lo volviera loco. A partir de entonces, arreció una singular correspondencia empeñada en refrescarle la memoria sin éxito alguno y en apretarle las clavijas con suma eficacia. Y es que, aunque por un lado, quedaba bien patente que aquella noche él no estuvo muy sobresaliente, por otro era obvio que su torpeza había suscitado el interés de ella en adiestrarlo para un correcto y posterior ejercicio de su papel. Una manía o una pretensión muy femenina de querer encarnar para él la Salud de los enfermos, el Refugio de los pecadores, el Consuelo de los afligidos y el Extravío del padre de familia.

Le decía que lo añoraba mucho. Le decía las ganas que tenía de volver a estar con él, de someterlo a prueba y comprobar sus progresos. Y, a continuación, le enumeraba el programa del encuentro con todo detalle.

Le decía: «Sueño con tu boca como una cueva ardiéndome en las ingles. Y en tu lengua moviéndose a la velocidad del aire en un silbato. Y en tus labios apretados, sorbiendo el zumo salado de mi caracol».

Le decía: «Necesito tus dedos, untados en mi blanda concha de manteca, deslizándose hasta encontrar donde penetrarla. Tus dedos persistentes, tus dedos lentos. Pero necesito también tus dedos de relámpago, abriéndome como una corola. Necesito tus manos izando mis caderas, dirigiéndolas hacia tu embestida. Tus manos empujándome hacia donde se vierte tu nada. Tus manos explorándome, llegando a donde jamás llegó ningún espejo: conociéndome y haciéndome conocer bajo tu tacto».

Le decía cómo lo acariciaría, cómo lo avivaría, cómo lo chuparía y dónde. Y se ofrecía a él como la poseedora de un mágico manantial hacia cuyo reducto debía orientar su periscopio, tímido y retráctil, con la absoluta fe en su resurrección.

Las cartas, pese a todo lo que pudiera pensarse, no le excitaban en absoluto, por lo menos en lo que a la líbido se refiere. Es más, las temía. Como cualquiera. Cualquiera al que su mujer le entregue una carta de esta clase y se acomode frente a él mientras la lee, o mejor cerciorándose de que la lee, para preguntarle al final: «¿Qué, buenas noticias?», queda completamente incapacitado para cualquier cosa que no sea el que se lo trague la tierra.

Se encontraba en una encerrona sin comerlo ni beberlo ni tener ni idea. Pero lo peor para él era el no tener ninguna opción. El no poder corresponderle ni poder mandarla al cuerno. El que ella lo controlara por completo y que él no supiese nada de ella. El que no firmase sus cartas y el que un membrete de hotel fuera su único remite. El que ella, el día menos pensado, pudiera colársele por esas puertas sin que él pudiera hacer nada para evitarlo ni para invitarla.

Tenía también otra preocupación: que su mujer se extrañase de tanta asiduidad por parte de una firma hotelera. Txomín jamás llegaba a tiempo de abrir antes el buzón. Siempre se encontraba el correo ordenado en una bandeja sobre su mesa de trabajo y, si un día, ella, puesto que la curiosidad es irresistible, le escamoteara la carta y la abriera, en ese mismo momento se habría decretado su ruina y su fin. Cada vez que encontraba entre su correspondencia un sobre alargado con logotipo azul en relieve, entraba en la preagonía, observando si estaba intacta la solapa del sobre e intentando averiguar, en la mirada imperturbable de su mujer, si su sentencia era cosa cierta e irrevocable. Después hacía como si la leía, delante de ella que miraba distraída el telediario y removía su café, pero sin quitarle el ojo de encima, de eso estaba seguro. Cada vez que ella hacía algún movimiento a él se le retiraba la sangre de la cara.

Deshacerse de la carta, otro problema. A veces lograba esconderla en el bolsillo para leerla luego, con más calma, en el cuarto de baño. Eso era lo más práctico para enterarse, para destruirla y para resarcirse.

Ella le había dicho que le gustaría poner a su disposición aquello que jamás había consentido al ariete de ningún otro hombre, y aunque ello conllevara el sobreentendido de que de él no tenía nada que temer, aunque se hubieran acabado las pomadas en el mundo, le era más fuerte la imagen suscitada que su maligna significación. Se la representaba apoyándose en el lavabo y él, rastreándola suavemente por detrás, presionando en su botón fruncido y desplegándolo como el cáliz de un dondiego al anochecer. El espejo los sorprendería con las mejillas unidas y los ojos en éxtasis, en vez de revelar su desesperado placer clandestino. En vez de salpicarse con una súbita y escurridiza granizada. En vez de resquebrajarse con su estupor.

Era imposible continuar así. Pidió una semana en el trabajo, cosa que no dijo en casa, e hizo una reserva en el hotel. No tenía ningún plan, ¿pero qué podría planear con tan pocos datos? Iría allí. Era lo único que se le ocurría. De un modo u otro daría con la manera de encontrarla y de averiguar qué se había propuesto. Por si acaso, hizo un par de compras en una farmacia. A nadie le gusta hacer continuamente el ridículo.

La verdad es que se esforzó, que puso su imaginación a todo rendimiento, que utilizó todos los ardides, que arriesgó, inventó y trajinó sin desmayo ni medida. Al principio su objetivo era una chica de dieciocho a veinte años, con melena ondulada color canela y bien dotada ella de curvas y cambios de rasante. Pero también pensó que podía haberse teñido el pelo o cortado. O haber reducido centímetros o haber ganado peso. En fin, que su objetivo se hizo panorámico. Al principio montó guardia durante el horario del desayuno. Se sentaba cuando extendían el primer mantel y no se iba hasta que se lo quitaban y ponían su silla sobre la mesa. Luego acechó en los salones, cerca de las mesas-escritorio. Se aventuró a espiar en el vestíbulo para lograr un censo de mujeres solas y la distribución de las mismas. Llegó a engañarse, tan fuerte era su deseo, y perseguir a alguna acorralándola en el ascensor. Se atrevió a entrar en habitaciones y puso toda clase de notas en los casilleros. Al cuarto día terminó su búsqueda.

Apoyada en la balaustrada de la terraza, parapetada tras unas enormes gafas del sol, recortada en el contraluz del atardecer y con un etéreo chal de gasa agitándosele en torno como un trémulo nimbo azul piscina, allí estaba su sinvivir y su tormento que, al percibir su presencia, se volvió, sin duda, sonriéndole. Se precipitó, como un tiro de caballos salvajes, enredando en las piernas y en los brazos de ella las extremidades propias. La lengua, ágilmente, se escurrió en una boca atónita y, en un segundo, la había investigado tan exhaustivamente como para detectar el traqueteo de una dentadura postiza.

Antes de que pudiera separarse y rectificar posiciones y musitar disculpas, fue arrancado, tal vez sin el soberano consentimiento de su presa, por los bravos puños y el denodado celo del jefe de expedición de una excursión de pensionistas galeses a cuyo rebaño la perturbadora visión pertenecía. Sin embargo, la víctima no quiso presentar denuncia ni formular ninguna queja, pues el que un hombre quisiera violentar su virtud como un novio incontinente, y que otro lo impidiera con la cólera de un marido vejado, era demasiado fabuloso como para andar pidiendo explicaciones. A duras penas contuvo el impulso de auxiliar a ambos y curar indiscriminadamente ojos morados y labios partidos como una mujer sin principio alguno, limitándose a suspirar como único signo de rebelión a las conveniencias. Pero en el asunto trascendió y la dirección del hotel invitó al sátiro a marcharse.

Y Txomín volvió al hogar todo derrotado en busca de la *salus infirmorum, refugium peccatorum* y *consolatrix aflictorum* legal y, por tanto, inmarcesible.

A primera hora de la tarde llegó a casa. Nada más abrir la puerta sintió el olor familiar del café saliendo del fondo, el de la cera viniendo del pasillo, el de un ramo de alhelíes ante el espejo de la consola. Las persianas estaban echadas y golpeaban con desgana contra los alféizares. Cerró la puerta y, casi como si se tratase de una consigna, se oyó un suave clic y empezaron a sonar los Moody Blues.

–Hola. No te he oído entrar.

Estaba todavía agachada frente al tocadiscos y lo miraba como si se tratase de una sorpresa maravillosa. Rectificó el volumen, se levantó y fue hacia él.

Days of Future Passed, cara B. Ella oliendo a vainilla como un ramo de heliotropos. El enlazándola por la cintura. Los dos bailando en la alfombra muy juntos. Casi sin moverse.

Cuando ella consiguió desabrocharle el cinturón y descorrerle la cremallera, lo halló en óptimas condiciones. Cuando él logró infiltrársele en lo más profundo de la entrepierna, la encontró dispuesta y ansiosa. Los labios de ella bucearon bajo su camisa, picotearon por su pecho como una tijerita minúscula en dos minúsculos granos de frambuesa. La lengua de ella era rápida como la de un colibrí y le adhería una fría e irisada telaraña. Y él se entregó a la envolvente ternura de las caricias conocidas, a la sabiduría de la costumbre, a la liturgia que, en la reiteración, basa el principio del trance. Se cogieron de las manos: cada uno atrajo la caricia del otro hacia sí. Los dedos se superpusieron, se amoldaron, se acoplaron para maniobrar juntos. El le recubrió la mano y la cerró firmemente sobre la rigidez de su verga. El dedo de ella acompañó al otro a abrir delicadamente la hendidura y profundizar en su abismo marino y lo orientó hasta capturar una delicia húmeda, tan dura y precisa como una perla. La mano de él le imprimió en el puño un fervoroso vaivén y ella sintió apretarle entre los dedos un deseo tumultuoso, los latidos de una sangre soliviantada, la furia de una espada ardiendo, la amenaza de un torrente subterráneo... y apresuró su cadencia desobedeciendo a su guía. Rodaron por la alfombra.

The Moody Blues: *Days of future passed,* cara B. NIGHTS IN WHITE SATIN.

Ella, encajándole las palmas de sus manos

en las mejillas, las inclinó y las hundió entre sus piernas. Al instante una lengua diligente penetró en el tierno capullo y lo recorrió en toda su longitud, separando sus pétalos, alisándolos, lamiéndolos hasta detenerse en la comisura. Entonces, con la lengua como eje, él hizo girar su cuerpo hasta atenazar con sus ingles la cabeza de ella. Su verga inflamada entró en un cilindro caliente de terciopelo. Unos labios se contrajeron firmemente, se estrecharon, succionaron queriendo retener al intruso que tan decididamente se introducía para luego retirarse.

El placer de ella se derramó embadurnándole el rostro, rebosándole en la boca. El deseo de él, endurecido, agitándose, yendo y viniendo hasta el fondo, sacudido por el oleaje de una lengua procelosa, amenazaba con estallar muy pronto. Ella embistió con las caderas, y con los muslos apretó contra sí el enloquecido y persistente afán de la lengua que le hurgaba dentro de la carne. Y los dedos de él se le aventuraron en su mullido y untuoso túnel colmando plenamente su vacío. Las manos de ella empujaron las nalgas de él, las separaron, sus dedos se deslizaron recorriendo su juntura. En la penumbra, inextrincablemente entrelazados, a penas se distinguía de ellos una jadeante maraña.

De pronto, él se tensó como un ciervo. Un chorro quemante inundó de nácar el engarce de una boca. Unas piernas se desenredaron, aflojaron la presión de su pinza.

Se alzó la aguja y dejó de girar el disco. El silencio cayó rápidamente, como un pesado telón.

Se relajó tanto que, quizá, se durmiera. Cuando recobró la conciencia, se la encontró sentada en la alfombra, junto a él, apoyando una bandeja en la mesita. El olor a café. El olor a *croissant* caliente. Se incorporó. El olor a gel de hierbas saliendo del albornoz de ella, el olor a su pelo húmedo. Su sonrisa. Su mano en el mango de la cafetera sirviendo las tazas, su mano removiendo con la cucharilla del azúcar. Su mano empuñando un cuchillo, abriendo el *croissant,* extendiendo la mantequilla. Sus manos destapando el frasco de mermelada.

–Vino a verte una chica.

La taza se detuvo antes de desembocar en su boca.

–¿Una chica?

–Bueno... era muy joven. Creo que estaba un poquito... –y ella trazó una curva invisible sobre su vientre.

El decidió soltar la taza.

–Eh... Mmm... Esto... ¿Te dijo quién era?

–No, pero te dejó un recado. –Del bolsillo de su albornoz sacó un sobre alargado con un logotipo en relieve de color azul tinta.

Entonces, como si el sol, en vez de filtrarse por las estrías de la persiana, lo hiciera a través de unas ramas sacudidas y cambiara sobre su rostro sus dibujos, la expresión de él fue variando sin conseguir fijarse en ninguna de las emociones que lo agitaban.

Ella cogió la cafetera y se levantó. El abrió el sobre.

Otro sobre de color crudo y doblado en cuatro salió del pliego blanco de la carta.

La chica muy confusamente se lo explicaba todo, o mejor, se lo lloriqueaba. Le decía, para ir abriendo boca, que estaba embarazada, que todo había acabado, que él tenía la culpa y, por conclusión, que le adjuntaba todas las pruebas. En el último renglón de las lamentaciones pudo deducir que las pruebas remitidas no eran precisamente las de la rana, sino las de un laboratorio dedicado a analizar ciertas particularidades contaminadoras de la sangre. El sintió un golpe muy bajo y se dobló hacia adelante petrificado de angustia.

Ella, que permanecía en el quicio de la puerta observándolo sin querer interrumpir, en ese momento se adelantó y cruzó la habitación en dirección a la ventana. Cuando llegó a la altura de él, suavemente recogió el pliego y el sobre color crudo y el sobre alargado. Los rompió y los amontonó en el cenicero. Después encendió una cerilla. Continuó entonces su camino sintiendo a sus espaldas el olor a papel quemado. Alzó la persiana y apoyó la frente en el cristal luchando por domesticar sus gestos y apaciguar las estrellas que refulgían en sus ojos.

Cuando todo fue cenizas y el triunfo había conseguido aquietársele, su máscara volvió a estar bien anudada. Ya podía girarse.

No había nadie en la habitación. Daba la sensación de que no hubiera nadie en la casa.

—¿Cariño...?

No obtuvo respuesta. Excepto el estridente zumbido de un moscardón que estrellaba contra el cristal su desesperación intolerable.

Ultimos títulos

27/3. Mi vida y mis amores III
Frank Harris

27/4. Mi vida y mis amores IV
Frank Harris

28. La bestia rosa
Francisco Umbral

29. Fritzcollage
Pedro Sempere

30. Nueve semanas y media
Elizabeth McNeill

31. Amor & Tarot
Esteban López

32. Ella o el sueño de nadie
Mauricio Wacquez

33. Beacul
S. G. Clo'zen (seudónimo)

34. El hombre sentado en el pasillo
Marguerite Duras

35. Historia de O
Pauline Réage

36. Duende nocturno
Arnauld Delacompté

37. Tres días/Tres noches
Pablo Casado

38. Opus pistorum
Henry Miller

56. Memorias de Dolly Morton
Anónimo

57. La esposa del Dr. Thorne
Denzil Romero

58. Elogio de la madrastra
Mario Vargas Llosa

59. La filosofía en el tocador
Marqués de Sade

60. El coño de Irene; seguido de El instante y Las aventuras de Don Juan Lapolla Tiesa
Louis Aragon

61. Las edades de Lulú
Almudena Grandes

62. Las amistades peligrosas
Pierre Choderlos de Laclos

63. Amatista
Alicia Steimberg

64. La novela de la lujuria
Anónimo

65. Mlle. Mustelle y sus amigas
Pierre Mac Orlan

66. Pubis de vello rojo
José Luis Muñoz

67. La caza del zorro
José María Alvarez

68. Las comedias eróticas
Marco Vassi

69. El Vizconde Pajillero de los Cojones Blandos
Benjamín Péret

70. Memorias de un librero pornógrafo
Armand Coppens

71. Alevosías
Ana Rossetti

72. La última noche que pasé contigo
Mayra Montero

